教科書ワーク
もくじ

教育出版版
漢字5年

（一〜五 夏休みまで：教科書㊤、一〜六 冬休み以降：教科書㊦）

【イラスト】植木美江

基本のワーク

いつか、大切なところ
新聞を読もう

教科書 上14～37ページ

勉強した日 月 日

いつか、大切なところ

◆「読み方」の赤い字は教科書で使われている読みです。はまちがえやすい漢字です。

15ページ 常

はば 常

とめる はねる

読み方
ジョウ
つね・（とこ）

使い方
常夜灯《じょうやとう》・常識《じょうしき》・日常《にちじょう》
常《つね》に持ち歩く

11画

16ページ 永

みず 永

あける はらう はねる

読み方
エイ
ながい

使い方
永遠《えいえん》・永久《えいきゅう》・永住《えいじゅう》
末永《すえなが》くつき合う

5画

17ページ 慣

りっしんべん 慣

×毌 とめる

読み方
カン
なれる・ならす

使い方
慣例《かんれい》・習慣《しゅうかん》・慣用的《かんようてき》
寒さに慣《な》れる

14画

20ページ 現

おうへん たまへん 現

はねる

読み方
ゲン
あらわれる
あらわす

使い方
表現《ひょうげん》・出現《しゅつげん》
急に現《あらわ》れる・正体を現《あらわ》す

11画

同じ読み方の漢字。
現《あらわ》れる…かくれていたものが、目に見えること。
例 雲の間から太陽が現れる。
表《あらわ》れる…気持ちや考えが、外にあらわれること。
例 よろこびが顔に表れる。

注意！

22ページ 混

さんずい 混

はねる

読み方
コン
まじる・まざる
まぜる・こむ

使い方
混合《こんごう》・色を混《ま》ぜる
車内が混《こ》む

11画

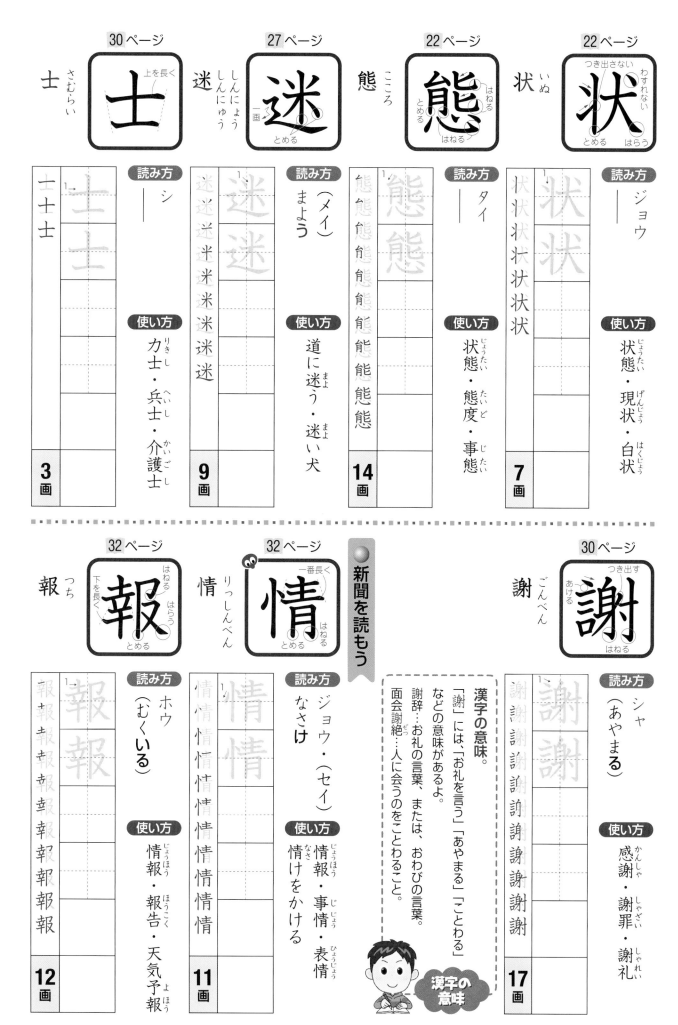

22ページ

状 いぬ

状

つき出さない　わすれない　とめる　はらう

読み方
ジョウ
—

使い方
状態《じょうたい》・現状《げんじょう》・白状《はくじょう》

7画

22ページ

態 こころ

態

はねる　とめる　はねる

読み方
タイ
—

使い方
状態《じょうたい》・態度《たいど》・事態《じたい》

14画

27ページ

迷 しんにょう しんにゅう

迷

一画　とめる

読み方
（メイ）
まよう

使い方
道に迷《まよ》う・迷《まよ》い犬

9画

30ページ

士 さむらい

士

上を長く

読み方
シ
—

使い方
力士《りきし》・兵士《へいし》・介護士《かいごし》

3画

30ページ

謝 ごんべん

謝

つき出す　あける　はねる

読み方
シャ
（あやまる）

使い方
感謝《かんしゃ》・謝罪《しゃざい》・謝礼《しゃれい》

17画

漢字の意味。
「謝」には、「お礼を言う」「あやまる」「ことわる」などの意味があるよ。
謝辞…お礼の言葉、または、おわびの言葉。
面会謝絶《ぜつ》…人に会うのをことわること。

漢字の意味

新聞を読もう

32ページ

情 りっしんべん

情

一番長く　とめる　はねる

読み方
ジョウ・（セイ）
なさけ

使い方
情報《じょうほう》・事情《じじょう》・表情《ひょうじょう》
情《なさ》けをかける

11画

32ページ

報 つち

報

下を長く　はねる　はらう　とめる

読み方
ホウ
（むくいる）

使い方
情報《じょうほう》・報告《ほうこく》・天気予報《よほう》

12画

ものしりメモ 「報」は「むくいる」「知らせる」という意味の漢字。「報恩《おん》」「予報」「会報」などの熟語《じゅく》があるよ。

32ページ

容

うかんむり

容（立てる・はねる・はらう）

読み方

ヨウ
―

使い方

内容《ないよう》・容器《ようき》・容量《ようりょう》

10画

32ページ

編

いとへん

編（はらう・とめる・はねる）

読み方

ヘン
あむ

使い方

編集《へんしゅう》・編成《へんせい》・前編《ぜんぺん》
手ぶくろを編《あ》む

15画

32ページ

確

いしへん

確（小さく・つき出す・はねる）

読み方

カク
たしか
たしかめる

使い方

正確《せいかく》・確実《かくじつ》・確《たし》かな話
発音を確《たし》かめる

15画

32ページ

構

きへん

構（つき出す・とめる・はねる）

読み方

コウ
かまえる・かまう

使い方

構成《こうせい》・構図《こうず》・構造《こうぞう》
身構《みがま》える・構《かま》わない

14画

33ページ

囲

くにがまえ

囲（下を長く・はらう・とめる）

読み方

イ
かこむ・かこう

使い方

周囲《しゅうい》・包囲《ほうい》
さくで囲《かこ》む・円で囲《かこ》う

7画

33ページ

解

つのへん

解（つき出さない・はねる・つき出す・はねる）

読み方

カイ・（ゲ）
とく・とかす
とける

使い方

解説《かいせつ》・解答《かいとう》・計算を解《と》く
ひもが解《と》ける

13画

同じ読み方の言葉。

解答《かいとう》…問題を解いて、それに答えること。
例 クイズの解答者。
回答《かいとう》…問い合わせや、要求に答えること。
例 アンケートに回答する。

新しい読み方を覚える漢字

29ページ

現《ゲン》

表現《ひょうげん》

ものしりメモ

「確かめる」は、送りがなをまちがえやすいよ。「確める」「確しかめる」などとしないように気をつけよう。

練習のワーク

いつか、大切なところ
新聞を読もう

教科書 上14～37ページ

答え 1ページ

勉強した日 月 日

1 新しい漢字を読みましょう。

① 14ページ （　） 常夜灯の光。

② （　） 永遠に変わらない。

③ 学校に （　） 慣れる。

④ ねこが （　） 現れる。

⑤ 電車が （　） 混む。

⑥ 前と変わらない （　） 状態。

⑦ （　） 迷わず思いを言う。

⑧ たとえの （　） 表現。

⑨ すもうの （　） 力士。

⑩ （　） 感謝の気持ち。

⑪ 32ページ さまざまな （　） 情報。

⑫ 新聞の （　） 内容。

⑬ ページを （　） 編集する。

⑭ 意図が （　） 正確に伝わる。

⑮ 記事の （　） 構成を考える。

⑯ （　） 囲みの中に入れる。

⑰ 紙面に （　） 解説をのせる。

ここからはってん

✿⑱ （　） 常に楽しむ。

✿⑲ 読書の （　） 習慣。

✿⑳ 薬品を （　） 混合する。

✿㉑ セーターを （　） 編む。

✿の漢字は新出漢字の別の読み方です。

✽㉒ 答えを（確）かめる。

✽㉓ 一家を（構）える。

✽㉔ 家の（周囲）を散歩する。

2 新しい漢字を書きましょう。〔　〕は、送りがなも書きましょう。

① 14ページ 寺の□□□《じょうやとう》。

② □□《えいえん》をちかう。

③ 新しいクラスに〔　　〕《なれる》。

④ 野生のシカが〔　　〕《あらわれる》。

⑤ 休日で道が〔　　〕《こむ》。

⑥ けがの□□《じょうたい》。

⑦ 道に〔　　〕《まよう》。

⑧ 言葉で□□《ひょうげん》する。

⑨ 強い□□《りきし》。

⑩ 幸せに□□《かんしゃ》する。

⑪ 32ページ 最新の□□《じょうほう》。

⑫ ゆかいな□□《ないよう》。

⑬ 本の□□《へんしゅう》をする。

⑭ 時間を□□《せいかく》に計る。

⑮ 紙面の□□《こうせい》を決める。

⑯ 小屋をさくで〔　　〕《かこむ》。

⑰ 絵の□□《かいせつ》を読む。

ここからはってん

✽⑱ □《つね》に努力をおこたらない。

✽⑲ 運動する□□《しゅうかん》がある。

✽⑳ 男女□□《こんごう》のリレー。

基本のワーク

情報ノート
漢字の広場①
漢字学習ノート／四年生で学んだ漢字①

教科書 上38～42ページ

勉強した日　月　日

◆「読み方」の赤い字は教科書で使われている読みです。●はまちがえやすい漢字です。

情報ノート

38ページ

災　災（ひ）

はらう

読み方
サイ
（わざわい）

使い方
災害《さいがい》・火災《かさい》・防災《ぼうさい》

7画

漢字のでき方。

災
巛…「川をせき止める様子」を表す。
火…「火」を表す。
さまたげることと火を合わせて「自然のわざわい」を表すよ。

できカ方

38ページ

技　扌（てへん）

あける　はらう　はねる

読み方
ギ
（わざ）

使い方
技術《ぎじゅつ》・特技《とくぎ》・競技会《きょうぎかい》

7画

38ページ

術　行（ぎょうがまえ ゆきがまえ）

あける　わすれない　はねる　とめる

漢字のでき方。

技
支…「仕事」を表す。
扌…「手」を表す。
手で仕事をすることから、「わざ・うでまえ」という意味を表すよ。

でき方

読み方
ジュツ
―

使い方
技術《ぎじゅつ》・芸術《げいじゅつ》・手術《しゅじゅつ》

11画

部首に注意。

術
部首は「行」（ぎょうがまえ・ゆきがまえ）。
「彳」（ぎょうにんべん）ではないので気をつけよう。

注意！

漢字の広場① 漢字学習ノート

38ページ

資 かい

読み方
シ

使い方
資料《しりょう》・資格《しかく》・資材《しざい》

13画

注意！

形のにている漢字。

資(シ) もとで。もとになるもの。
例 資金・資源《げん》・資本

貨(カ) 品物。お金。
例 貨物・外貨・金貨

40ページ

快 りっしんべん

読み方
カイ
こころよい

使い方
快晴《かいせい》・快調《かいちょう》
快《こころよ》い返事

7画

注意！

送りがなに注意。

○ 快《こころよ》い　× 快ろよい　× 快よい

「快い」は「気持ちがよい」という意味だよ。

40ページ

識 ごんべん

読み方
シキ

使い方
知識《ちしき》・意識《いしき》

19画

注意！

漢字の形に注意。

識 横ぼうは長くのばすよ。
「音」と「戈」に分けて書かないようにね。

新しい読み方を覚える漢字

40ページ
- 快《こころよい》
- 快《こころよ》い

ものしりメモ
「識」は「物事を見分けて知る」「知り合い」「目じるし」という意味で、「常識」「面識」「標識」などの熟《じゅく》語があるよ。

練習のワーク

情報ノート
漢字の広場①　漢字学習ノート／四年生で学んだ漢字①

教科書　上38～42ページ
答え　1ページ

勉強した日　月　日

1 新しい漢字を読みましょう。

① 38ページ　災害（　　）の情報。

② 新しい技術（　　）。

③ 資料（　　）を集める。

④ 40ページ　出だしは快調（　　）だ。

⑤ 山に快（　　）い風がふく。

⑥ 漢字の豆知識（　　）。

2 新しい漢字を書きましょう。〔　〕は、送りがなも書きましょう。

① 38ページ　□□《さいがい》から身を守る。

② □□《ぎじゅつ》が進む。

③ 会合の□□《しりょう》。

④ 40ページ　□□《かいちょう》なすべり出し。

⑤ 〔　　〕《こころよい》そよ風。

⑥ □□《ちしき》がゆたかだ。

3 漢字で書きましょう。（〰は、送りがなも書きましょう。太字は、この回で習った言葉です。）

① **さいがい**のじょうほうをしる。

② こうど**なぎじゅつ**をみにつける。

③ いいんかいの**しりょう**をあつめる。

④ **かいちょう**なはしりでしょうりする。

⑤ こうげんにふくかぜが**こころよい**。

⑥ **ちしき**のほうふなけんきゅうしゃ。

4 四年生で学んだ漢字

四年生で習った漢字を書きましょう。〔　〕は、送りがなも書きましょう。

① □《はた》をふる。

② かばんを〔　　〕《おく》。

③ □□《しんるい》の家。

④ □□《てんさ》が開く。

⑤ □□《かんきゃく》に手をふる。

⑥ 遠足の日の□□《てんこう》。

⑦ □□《とくべつ》な部屋。

⑧ □□《むじん》の駅で下車する。

⑨ 試合で□□《はいぼく》する。

⑩ 赤組と白組の□□《たいせん》。

⑪ タイムを□□《きろく》する。

⑫ □□□《しかいしゃ》になる。

⑬ メッセージを〔　　〕《つたえる》。

⑭ いろいろな□□《しゅもく》。

⑮ □□《ゆうき》をもっていどむ。

⑯ □□《せいこう》をおさめる。

⑰ 先生の□□《ごうれい》で進む。

⑱ □□《さんか》賞《しょう》をもらう。

⑲ □□□《ときょうそう》に出場する。

⑳ 自転車が□□《しっそく》する。

㉑ サッカー□□《せんしゅ》をめざす。

㉒ □□《ひっし》で勉強する。

㉓ 五分□□《いない》にゴールする。

㉔ □□《じゅんい》〔　　〕《あらそい》。

㉕ マラソンを□□《かんそう》する。

基本のワーク

言葉と事実
言葉の広場① 話し言葉と書き言葉

教科書 上46～57ページ

勉強した日　月　日

◆「読み方」の赤い字は教科書で使われている読みです。●はまちがえやすい漢字です。

言葉と事実

際（46ページ） こざとへん　　×タ　あける　はねる　下を長く　はねる

読み方：サイ（きわ）

使い方：実際《じっさい》・国際化《こくさいか》

14画

逆（47ページ） しんにょう　しんにゅう　　一画　はらう

読み方：ギャク　さか・さからう

使い方：逆転《ぎゃくてん》・逆算《ぎゃくさん》・逆上《さかあ》がり　人波に逆《さか》らう

9画

象（48ページ） ぶた　いのこ　　短く　はらう　はねる

読み方：ショウ・ゾウ　——

使い方：印象《いんしょう》・気象台《きしょうだい》　インド象《ぞう》

12画

価（48ページ） にんべん　　×「西」

読み方：カ（あたい）

使い方：価値《かち》・定価《ていか》・物価《ぶっか》

8画

非（48ページ） あらず　　はらう　とめる

読み方：ヒ　——

使い方：非常《ひじょう》・非運《ひうん》・非常口《ひじょうぐち》

8画

打ち消しの意味を表す漢字。

- 非…例 非常識・非公式・非売品
- 不…例 不可能《かのう》・不公平・不自然
- 無…例 無責任《せきにん》・無意識・無意味
- 未…例 未完成・未解決・未成年

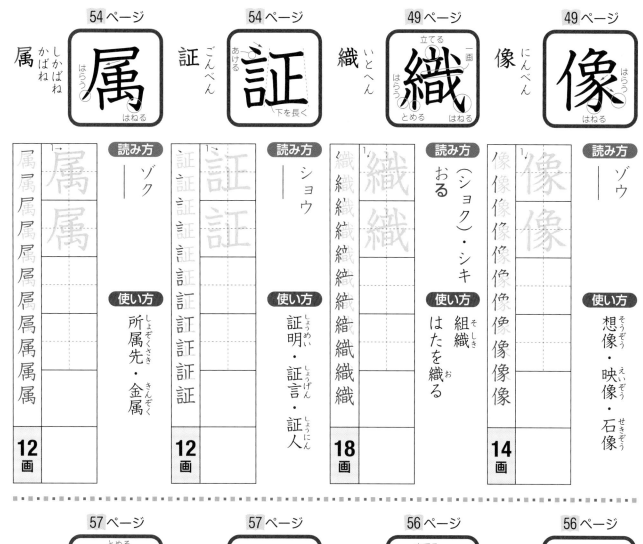

49ページ

像

像 にんべん

はらう　はねる

読み方
ゾウ

使い方
想像《そうぞう》・映像《えいぞう》・石像《せきぞう》

14画

49ページ

織

織 いとへん

立てる　一画　はらう　とめる　はねる

読み方
（ショク）・シキ
おる

使い方
組織《そしき》
はたを織《お》る

18画

54ページ

証

証 ごんべん

あける　下を長く

読み方
ショウ

使い方
証明《しょうめい》・証言《しょうげん》・証人《しょうにん》

12画

54ページ

属

属 しかばね かばね

はらう　はねる

読み方
ゾク

使い方
所属先《しょぞくさき》・金属《きんぞく》

12画

56ページ

比

比 ならびひ くらべる

はねる　折る　曲げる

読み方
ヒ
くらべる

使い方
比例《ひれい》・対比《たいひ》
二つを比《くら》べる

4画

56ページ

職

職 みみへん

立てる　一画　つき出さない　はねる

読み方
ショク

使い方
職人《しょくにん》・職業《しょくぎょう》・職員室《しょくいんしつ》

18画

57ページ

応

応 こころ

立てる　はらう　はねる

読み方
オウ
こたえる

使い方
反応《はんのう》・応用《おうよう》・場に応《おう》じる
要望に応《こた》える

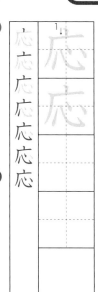

7画

57ページ

質

質 かい

とめる　とめる

読み方
シツ・（シチ）（チ）

使い方
質問《しつもん》・品質《ひんしつ》

15画

ものしりメモ
「象」には音読みが二つあるよ。「ゾウ」と読むときは主に動物の象を表すことを覚えておこう。同じ「ゾウ」の読み方で形がにている「像」との書きまちがいにも注意してね。

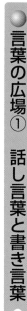

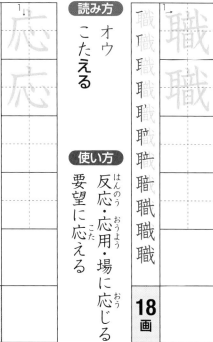

練習のワーク

言葉と事実
言葉の広場①　話し言葉と書き言葉

教科書 上46～57ページ　答え 1ページ

勉強した日　月　日

1 新しい漢字を読みましょう。

① 46ページ （　　）実際に起きたこと。

② （　　）逆転勝ちになる。

③ 受け取る側の（　　）印象。

④ （　　）価値《ち》のあること。

⑤ （　　）非常に強い。

⑥ 言葉から（　　）想像する。

⑦ やわらかい（　　）織り。

⑧ 事実だと（　　）証明する。

⑨ 新しい（　　）所属先。

⑩ 56ページ 二つの内容を（　　）比べる。

⑪ （　　）職人の話を聞く。

⑫ 相手の（　　）反応を見る。

⑬ 話し手に（　　）質問する。

✿⑭ ここからはってん 二つの言葉を（　　）対比させる。

✿⑮ 期待に（　　）応える。

2 新しい漢字を書きましょう。〔　〕は、送りがなも書きましょう。

① 46ページ 現場を［　　］《じっさい》に見る。

② ゲームに［　　］《ぎゃくてん》して勝つ。

③ ［　　］《いんしょう》に残る場面。

✿の漢字は新出漢字の別の読み方です。

④ 品物の□《か》値を知る。

⑤ □□《ひじょう》におもしろい話。

⑥ □□《そうぞう》以上のできごと。

⑦ はた（　　）《おり》の機械。

⑧ 身分を□□《しょうめい》する。

⑨ □□□《しょぞくさき》が変わる。

⑩ 56ページ 足の速さを（　　）《くらべる》。

⑪ 工芸品の□□《しょくにん》。

⑫ 化学□□《はんのう》が起こる。

⑬ □□《しつもん》を受ける。

3 漢字で書きましょう。（～～は、送りがなも書きましょう。太字は、この回で習った漢字を使った言葉です。）

① **そうぞう**ではなく**じっさい**にみる。

② **いんしょう**てきな**ぎゃくてん**じあい。

③ **ひじょう**に**かち**のたかいえ。

④ **しょくにん**のてによる**おり**のおび。

⑤ むじつを**しょうめい**する。

⑥ なふだに**しょぞくさき**をかく。

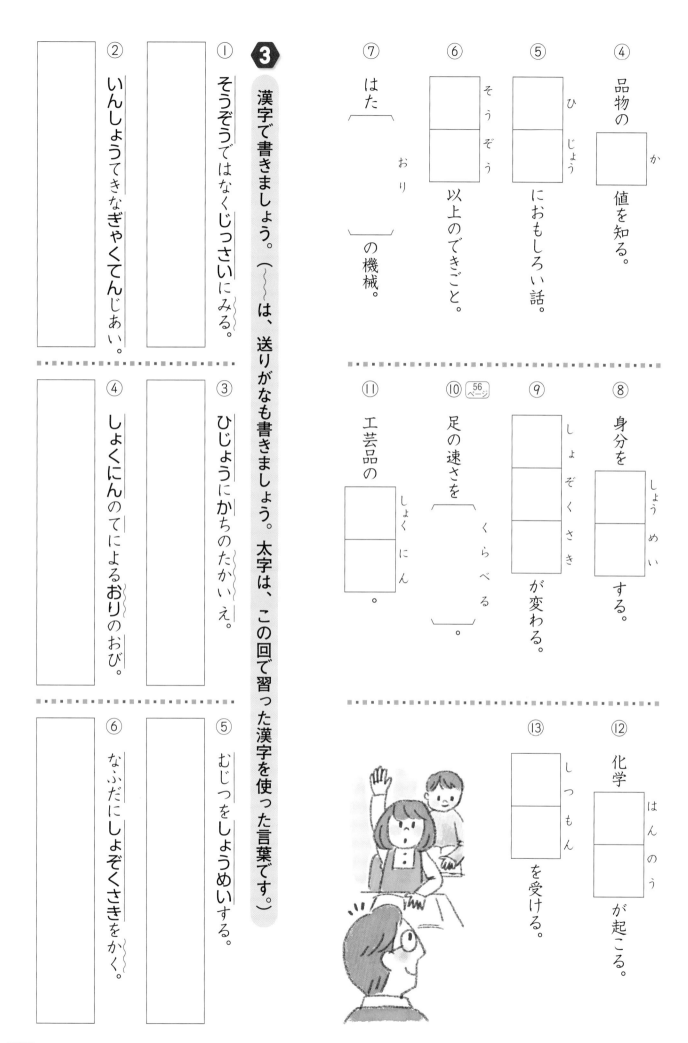

基本のワーク

すいせんしよう「町じまん」
案内やしょうかいのポスター／言葉の文化① 漢文に親しむ

教科書 上58～69ページ

勉強した日 月 日

◆「読み方」の赤い字は教科書で使われている読みです。はまちがえやすい漢字です。

すいせんしよう「町じまん」

統 58ページ いとへん（12画）
- 読み方：トウ (すべる)
- 使い方：伝統的《でんとうてき》・統計《とうけい》・統合《とうごう》

減 59ページ さんずい（12画）
- 読み方：ゲン へる・へらす
- 使い方：減少《げんしょう》・加減《かげん》 水が減《へ》る・分量を減《へ》らす

述 59ページ しんにょう しんにゅう（8画）
- 読み方：ジュツ のべる
- 使い方：述語《じゅつご》・記述《きじゅつ》 考えを述《の》べる

経 59ページ いとへん（11画）
- 読み方：ケイ・(キョウ) へる
- 使い方：経験《けいけん》・経済《けいざい》・経路《けいろ》 年月を経《へ》る

注意！ 同じ読み方で形のにている漢字。
- 経（ケイ） たて糸。通りすぎる。例 経緯《けいい》・経由
- 径（ケイ） はしからはしまでの長さ。こみち。例 直径・半径

案内やしょうかいのポスター

示 64ページ しめす（5画）
- 読み方：ジ・(シ) しめす
- 使い方：指示《しじ》・表示《ひょうじ》 考えを示《しめ》す

67ページ

序

立てる・はらう・はねる

序 まだれ

読み方

ジョ

―

使い方

順序《じゅんじょ》・序文《じょぶん》

7画

漢字の意味。

「序」には、「順番」「はじめ」という意味があるよ。

順序…きそくにそってならんだ順番。

序文…書物などのはじめにつける文章。

68ページ

故

はらう

故 ぼくにょう ぼくづくり のぶん

読み方

コ

（ゆえ）

使い方

故郷《こきょう》・故意《こい》・事故《じこ》

9画

漢字の意味。

「故」には、いろいろな意味があるよ。

①昔からの。もとの。例 故郷・故国

②できごと。例 故障《しょう》・事故

③死ぬ。例 故人

④わざと。例 故意

68ページ

歴

とめる・はらう・はらう

歴 とめる

読み方

レキ

―

使い方

歴史《れきし》・歴代《れきだい》・学歴《がくれき》

14画

68ページ

史

つき出す・はらう

史 くち

読み方

シ

―

使い方

歴史《れきし》・史実《しじつ》・世界史《せかいし》

5画

69ページ

精

一番長く・はねる・とめる

精 こめへん

読み方

セイ・（ショウ）

―

使い方

精神《せいしん》・精度《せいど》・精米《せいまい》

14画

同じ読み方で形のにている漢字。

精（セイ） まじりけのないもの。くわしい。例 精神・精米

清（セイ） きよい。きれいにする。例 清書・清流

ものしりメモ

「歴」は、順序よくならぶ意味の「厤」と、足の形を表す「止」からできた漢字で、順序よく歩くことから、「（年月などが）すぎる」「次々に」などの意味を表すよ。

練習のワーク

すいせんしよう「町じまん」
案内やしょうかいのポスター／言葉の文化①　漢文に親しむ

教科書　上58〜69ページ

答え　2ページ

勉強した日　月　日

1 新しい漢字を読みましょう。

① 58ページ 伝統的（　　）なおどり。

② 大根の生産量が減（　　）る。

③ 理由の述（　　）べ方に気をつける。

④ 自分の経験（　　）を話す。

⑤ 62ページ 写真の示（　　）し方のくふう。

⑥ 66ページ 順序（　　）を変える。

⑦ 故郷《きょう》（　　）を思う。

⑧ 昔の中国の歴史（　　）。

⑨ 精神（　　）を集中する。

✿⑩ ここからはってん ごみが減少（　　）する。

✿⑪ 言葉の意味を記述（　　）する。

✿⑫ 京都を経（　　）て大阪へ行く。

✿⑬ 成分を表示（　　）する。

2 新しい漢字を書きましょう。〔　〕は、送りがなも書きましょう。

① 58ページ でんとうてき［　　　］な文化。

② 鳥の数が〔へる　　〕。

③ 意見を〔のべる　　〕。

✿の漢字は新出漢字の別の読み方です。

④ 初めての□□《けいけん》。

⑤ 62ページ 道すじを□《しめす》。

⑥ 66ページ □□《じゅんじょ》立てて説明する。

⑦ □《こ》郷に帰る。

⑧ □□《れきし》ドラマを見る。

⑨ サービス□□《せいしん》をもつ。

ここからはってん

✿⑩ 子どもの数が□□《げんしょう》する。

✿⑪ □□《きじゅつ》問題を解く。

✿⑫ 長い年月を□《へ》る。

✿⑬ 案内図を□□《ひょうじ》する。

3 漢字で書きましょう。（〜〜は、送りがなも書きましょう。太字は、この回で習った漢字を使った言葉です。）

① **でんとうてき**なぎょうじが**へる**。

② これまでの**けいけん**を**のべる**。

③ かんしゃのきもちをたいどで**しめす**。

④ しょうてんを**じゅんじょ**よくまわる。

⑤ こきょうの**れきし**をしらべる。

⑥ **せいしん**としんたいをきたえる。

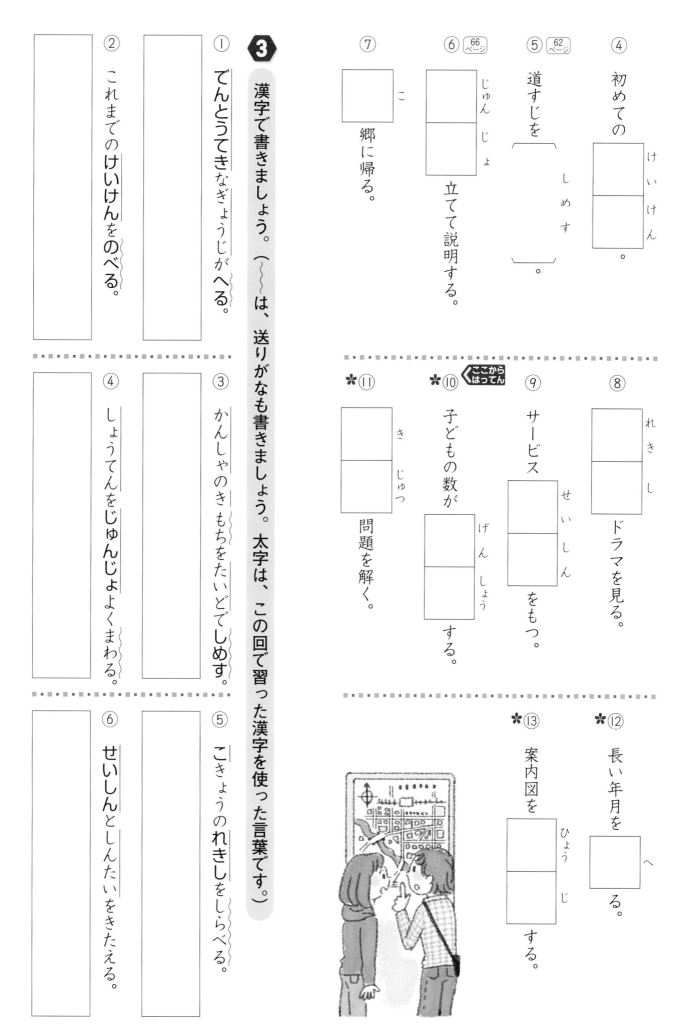

基本のワーク

言葉の広場② 敬《けい》語

漢字の広場② 複合語／四年生で学んだ漢字②

教科書 上70～76ページ

勉強した日 月 日

◆「読み方」の赤い字は教科書で使われている読みです。●はまちがえやすい漢字です。

言葉の広場② 敬語

任（70ページ）

にんべん 任

上を長く

読み方 ニン まかせる・まかす

使い方 担任《たんにん》・任命《にんめい》 後を任《まか》せる・役目を任《まか》す

6画

漢字の意味。

「任」は、「まかせられたつとめ」「ある役目に当てる」という意味で使うよ。「仕」と形がにているけれど、使い方や読み方はちがうから注意してね。

勢（71ページ）

ちから 勢

はねる

読み方 セイ いきおい

使い方 大勢《おおぜい》・勢力《せいりょく》・姿勢《しせい》 勢《いきお》いがある

13画

貸（71ページ）

かい 貸

ひらたく はねる とめる

読み方 （タイ） かす

使い方 貸《か》し出す・本を貸《か》す

12画

許（71ページ）

ごんべん 許

つき出さない あける 下を長く

読み方 キョ ゆるす

使い方 許可《きょか》・特許《とっきょ》 人を許《ゆる》す

11画

責（71ページ）

かい 責

一番長く とめる

読み方 セキ せめる

使い方 責任《せきにん》・重責《じゅうせき》 相手を責《せ》める

11画

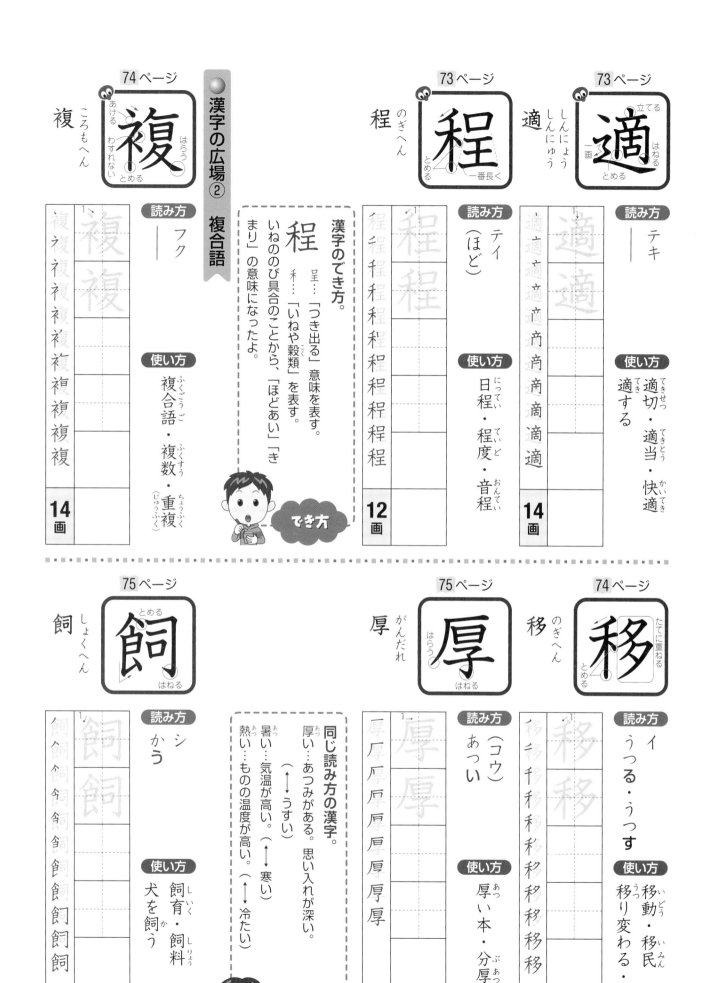

適

73ページ

適　しんにょう　しんにゅう

立てる　一画　はねる　とめる

読み方
テキ
―

使い方
適切《てきせつ》・適当《てきとう》・快適《かいてき》
適《てき》する

14画

程

73ページ

程　のぎへん

とめる　一番長く

読み方
テイ
（ほど）

使い方
日程《にってい》・程度《ていど》・音程《おんてい》

12画

漢字の広場② 複合語

漢字のでき方。

程　呈…「つき出る」意味を表す。
禾…「いねや穀《こく》類」を表す。
いねののび具合のことから、「ほどあい」「きまり」の意味になったよ。

複

74ページ

複　ころもへん

あける　わすれない　はらう　とめる

読み方
フク
―

使い方
複合語《ふくごうご》・複数《ふくすう》・重複《ちょうふく》（じゅうふく）

14画

移

74ページ

移　のぎへん

たてに重ねる　とめる

読み方
イ
うつる・うつす

使い方
移動《いどう》・移民《いみん》
移《うつ》り変わる・心を移《うつ》す

11画

厚

75ページ

厚　がんだれ

はらう　はねる

読み方
（コウ）
あつい

使い方
厚《あつ》い本・分厚《ぶあつ》い

9画

同じ読み方の漢字。

厚《あつ》い…あつみがある。思い入れが深い。（↔うすい）
暑《あつ》い…気温が高い。（↔寒い）
熱《あつ》い…ものの温度が高い。（↔冷たい）

飼

75ページ

飼　しょくへん

とめる　はねる

読み方
シ
かう

使い方
飼育《しいく》・飼料《しりょう》
犬を飼《か》う

13画

ものしりメモ　「移る」は「場所などが変わる」という意味で、同じ読み方の「写る」は「写真の上にすがたが現れる」という意味で使うよ。使い分けに注意しよう。

練習のワーク

言葉の広場② 敬《けい》語
漢字の広場② 複合語／四年生で学んだ漢字②

教科書 上70～76ページ

答え 2ページ

勉強した日　月　日

1 新しい漢字を読みましょう。

① 70ページ 担《たん》任（　　）の先生に電話する。

② 大勢（　　）の人に話す。

③ 本を貸（　　）し出す。

④ あまえは許（　　）さない。

⑤ 責任（　　）をもってやる。

⑥ 適切（　　）な文に書き改める。

⑦ 旅行の日程（　　）。

⑧ 74ページ 複合語（　　）について学ぶ。

⑨ 空の色が移（　　）り変わる。

⑩ 厚（　　）いたまご焼き。

⑪ 犬を放し飼（　　）いにする。

ここからはってん

✿⑫ ほかの人に任（　　）せる。

✿⑬ 管理を任（　　）す。

✿⑭ 水の勢（　　）いがよい。

✿⑮ 特許（　　）を取る。

✿⑯ ひどい行いを責（　　）める。

✿⑰ 車で移動（　　）する。

✿⑱ うさぎを飼育（　　）する。

2 新しい漢字を書きましょう。〔　〕は、送りがなも書きましょう。

✿の漢字は新出漢字の別の読み方です。

① 70ページ 新しい担□《にん》の先生。

② □□《おおぜい》が参加する。

③ 消しゴムを〔　〕《かす》。

④ まちがいを〔　〕《ゆるす》。

⑤ 自分に□□《せきにん》がある。

⑥ □□《てきせつ》な対応をする。

⑦ □□《にってい》が変わる。

⑧ 74ページ □□□《ふくごうご》の学習。

⑨ 季節が〔　〕《うつり》変わる。

⑩ 〔　〕《あつい》雲におおわれる。

⑪ 家でねこを〔　〕《かう》。

ここからはってん

✿⑫ 委員に仕事を□《まか》せる。

✿⑬ 流れに□《まか》す。

✿⑭ □《いきお》いをつけて走る。

✿⑮ 発明で□□《とっきょ》を取る。

✿⑯ ふまじめな態度を□《せ》める。

✿⑰ たなを□□《いどう》する。

✿⑱ 牛を□□《しいく》する。

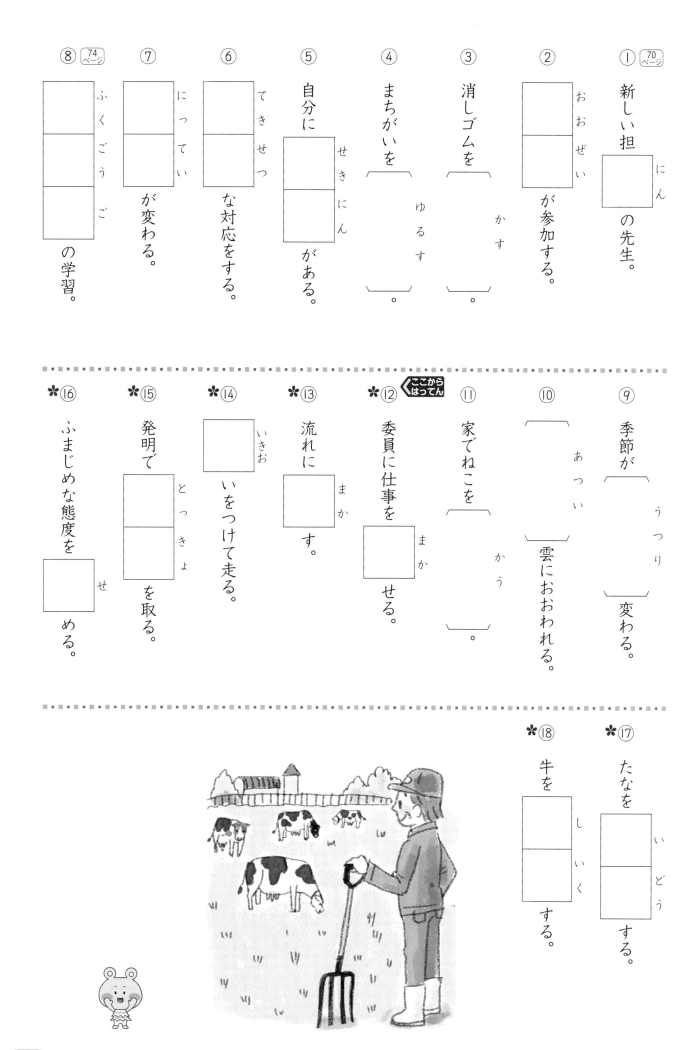

3 漢字で書きましょう。（〰は、送りがなも書きましょう。太字は、この回で習った漢字を使った言葉です。）

① **たんにん**が**にってい**をしらせる。

② **おおぜい**のかんきゃくにかこまれる。

③ **あつい**ほんをどうきゅうせいに**かす**。

④ どうぶつを**かう**ことを**ゆるす**。

⑤ **せきにん**しゃに**てきせつ**なひと。

⑥ しきがはるからなつへと**うつる**。

4 四年生で学んだ漢字

四年生で習った漢字を書きましょう。〔　〕は、送りがなも書きましょう。

① □□《れんきゅう》に遊園地に行く。

② □□《しゅうまつ》は家ですごす。

③ □《かがみ》を見る。

④ □□《きせつ》の変化を楽しむ。

⑤ □□《さくや》は早くねた。

⑥ □□《へいたい》の人形。

⑦ □□□《あいどくしょ》を開く。

⑧ 国語□□《じてん》で調べる。

⑨ □□《おんくん》さくいんを使う。

⑩ □《わ》ゴムでふくろの口をとめる。

⑪ 〔　　〕《めざまし》時計を置く。

⑫ 自分の行いを□□《はんせい》する。

⑬ □□□《ほっきょくせい》が光る。

⑭ （　）《ねがい》ごとがかなう。

⑮ 友達を□《しん》じる。

⑯ □□《よくしつ》をそうじする。

⑰ おかずの（　）《のこり》。

⑱ 家族のご□《はん》をよそう。

⑲ □《うめ》ぼしを入れたおにぎり。

⑳ □《な》つ葉を皿にもる。

㉑ つった魚を（　）《やく》。

㉒ 体重を（　）《はかる》。

㉓ □□《ざいりょう》を買いに行く。

㉔ ゆでたまごに□《しお》をふる。

㉕ □□《しょっき》をあらう。

㉖ □□《えいよう》のあるやさい。

㉗ さくらの花が（　）《ちる》。

㉘ 木の□《め》を見つける。

㉙ □□《ぐんて》をして作業をする。

㉚ 木の上に鳥の□《す》がある。

㉛ 朝顔の□□《かんさつ》。

㉜ 木に□□《がいちゅう》がつく。

㉝ □《まつ》の葉の形。

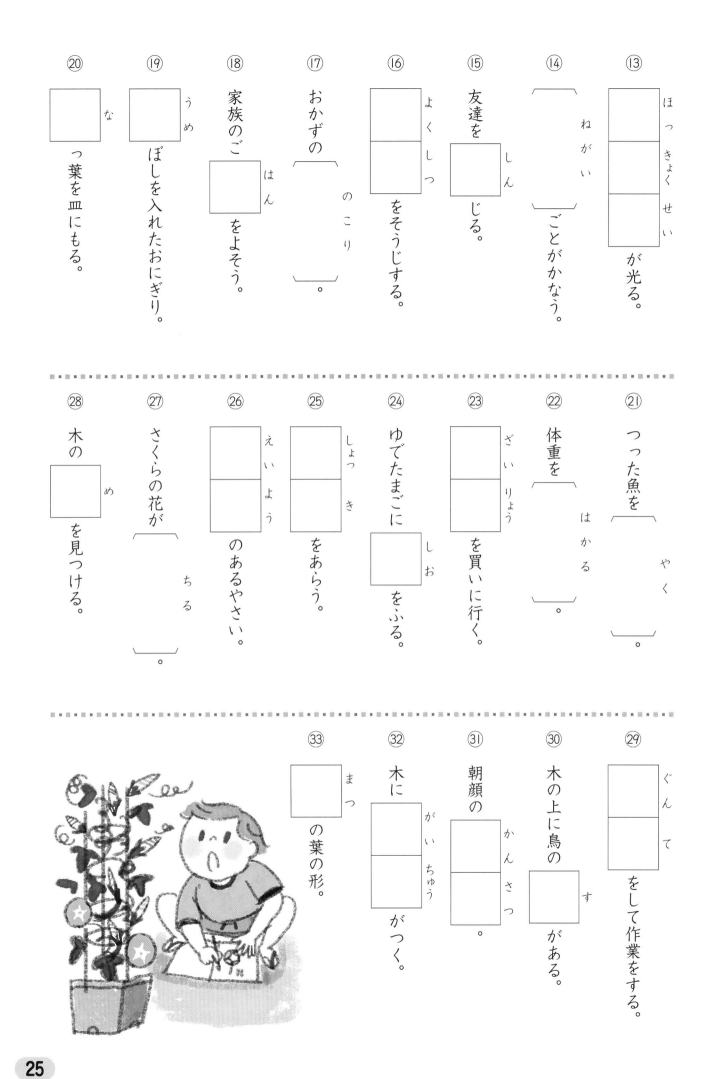

夏休み まとめのテスト①

教科書 上 14～76ページ
答え 2ページ
時間 20分
とく点 /100点
勉強した日 月 日

1 ――線の漢字の読み方を書きましょう。 一つ2（28点）

① 慣（　　）れない道で迷（　　）う。
② 周りを囲（　　）まれた状態（　　）が続く。
③ とても価値《ち》（　　）のある情報（　　）だ。
④ 発言の内容（　　）が正確（　　）かを調べる。
⑤ 文章の構成（　　）を解説（　　）する。
⑥ 逆転（　　）勝ちした選手の資料（　　）をあつめる。
⑦ 所属先（　　）や身分を証明（　　）する書類。

2 □は漢字を、〔　〕は漢字と送りがなを書きましょう。 一つ2（28点）

① □□□《じょうやとう》。
② □□《えいえん》に残る。
③ 店が〔　　〕《こむ》。
④ □□《ひょうげん》の自由。
⑤ 横づなの□□《りきし》。
⑥ □□《かんしゃ》する。
⑦ □□《へんしゅう》者。
⑧ □□《さいがい》が起こる。
⑨ 高い□□《ぎじゅつ》力。
⑩ 必要な□□《ちしき》。
⑪ □□《じっさい》に会う。
⑫ □□《いんしょう》に残る。
⑬ □□《ひじょう》に近い。
⑭ □□《そうぞう》上の生物。

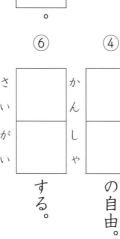

3 □に同じ訓読みをする漢字を書きましょう。 一つ2（12点）

① なが（い）
1 末□い幸せを願う。
2 □いひもがたれる。

② あらわ（す）
1 気持ちを言葉で□す。
2 とつ然すがたを□す。

③ ま（ぜる）
1 絵の具の赤と白を□ぜる。
2 トランプをよく□ぜる。

4 次の漢字の総《そう》画数を、（　）に数字で書きましょう。 一つ3（12点）

① 報（　　）画
② 確（　　）画
③ 質（　　）画
④ 属（　　）画

5 次の漢字の――線の読み方を書きましょう。 一つ2（10点）

① 快
1 今日の天気は快晴だ。（　　）
2 快い風が部屋に入る。（　　）

② 解
1 パズルを解く。（　　）
2 解答用紙に記入する。（　　）
3 山の雪が解ける。（　　）

6 次の漢字の部首を（　）に、部首名を〔　〕に書きましょう。 一つ1（10点）

① 容（　　）〔　　〕
② 慣（　　）〔　　〕
③ 態（　　）〔　　〕
④ 価（　　）〔　　〕
⑤ 逆（　　）〔　　〕

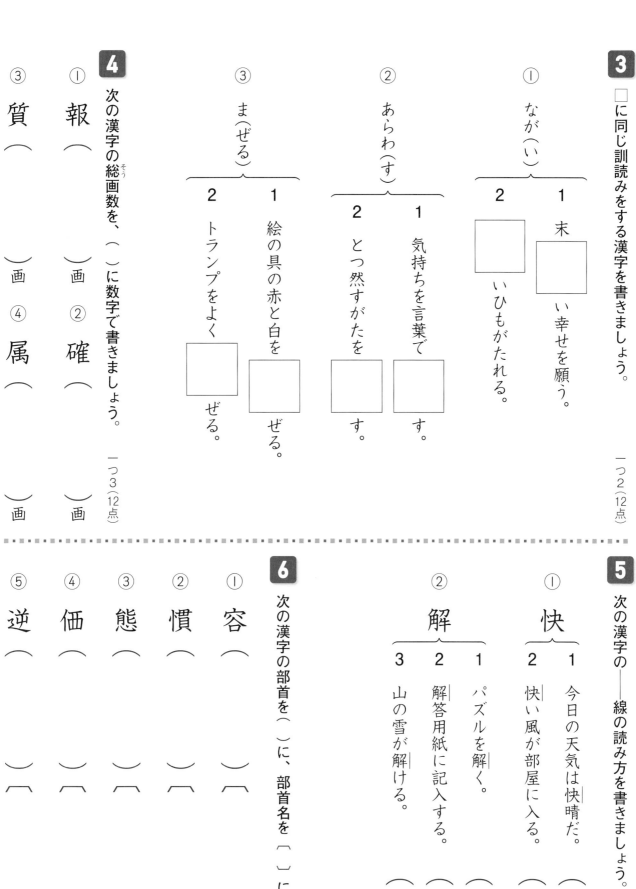

夏休み まとめのテスト②

教科書 上14～76ページ
答え 3ページ
時間20分

とく点 /100点
勉強した日 月 日

1 ――線の漢字の読み方を書きましょう。 一つ2（28点）

① 実際（　）に手に取ると非常（　）に軽い。

② 竹細工の職人（　）が減（　）る。

③ 質問（　）にすばやく反応（　）する。

④ 伝統的（　）な行事について述（　）べる。

⑤ 大勢（　）の子どもたちに本を貸（　）す。

⑥ 無責任（　）な発言は許（　）さない。

⑦ 話し合って適切（　）な日程（　）を定める。

2 □は漢字を、（　）は漢字と送りがなを書きましょう。 一つ2（28点）

① 大□□《ぎゃくてん》。

② はた（　　）《おり》。

③ □□□《しょぞくさき》。

④ 重さを（　　）《くらべる》。

⑤ □□《けいけん》する。

⑥ 点を（　　）《しめす》。

⑦ □□《じゅんじょ》を守る。

⑧ 母の□《こ》郷《きょう》。

⑨ □□《れきし》の本。

⑩ □□《せいしん》統一《いっ》。

⑪ □□□《ふくごうご》。

⑫ 時が（　　）《うつる》。

⑬ （　　）《あつい》辞書。

⑭ 犬を（　　）《かう》。

3 ――線の言葉を、漢字と送りがなで書きましょう。 一つ2(10点)

① 道にまよう。

② 寒さになれる。

③ 自分で花屋をかまえる。

④ こころよい返事。

⑤ 流れにさからう。

4 次の漢字の使い方で、正しいほうに○をつけましょう。 一つ2(6点)

① 大変きけんな｛ア（　）常態／イ（　）状態｝だ。

② ｛ア（　）容量／イ（　）用量｝の大きいびん。

③ 周りの期待に｛ア（　）答える／イ（　）応える｝。

5 形のにている漢字に気をつけて、□に漢字を書きましょう。 一つ2(16点)

①
1 □《せい》書する。
2 □《せい》米する。

②
1 □《けい》路を調べる。
2 直□《けい》をはかる。

③
1 意□《しき》する。
2 大きな組□《しき》。

④
1 □《ぞう》の親子。
2 石□《ぞう》を作る。

6 次の部分と組み合わせることのできる部首を［　］から選んで漢字を作り、□に書きましょう。なお、同じ部首は二度使えません。 一つ2(12点)

① 扁 □
② 見 □
③ 昆 □
④ 古 □
⑤ 正 □
⑥ 支 □

［ 王　文　扌　糸　言　氵 ］

四　物語のやま場を見つけ、読みを深めよう

基本のワーク

大造《だいぞう》じいさんとがん
言葉の文化②　鳥

◆「読み方」の赤い字は教科書で使われている読みです。●●はまちがえやすい漢字です。

教科書 上90～111ページ

勉強した日　月　日

大造じいさんとがん

率（90ページ）　げん　率
（立てる・長く・少し出す）
読み方：(ソツ)・リツ　ひきいる
使い方：効率《こうりつ》・打率《だりつ》　チームを率《ひき》いる
11画

領（90ページ）　おおがい　領
（とめる・とめる）
読み方：リョウ　—
使い方：頭領《とうりょう》・領土《りょうど》
14画

漢字の意味。

「領」の意味は、「治める」「頭《かしら》」「大事なところ」。

領土…所有し、治めている土地。

大統領…国を治め、そのトップに立つ人。

要領…物事の大事な点。

夢（92ページ）　ゆうべ　た　夢
（×四・はねる）
読み方：ム　ゆめ
使い方：夢中《むちゅう》・夢想《むそう》・悪夢《あくむ》　初夢《はつゆめ》・夢《ゆめ》を見る
13画

喜（92ページ）　くち　喜
（上を長く・一番長く）
読み方：キ　よろこぶ
使い方：喜劇《きげき》・悲喜《ひき》こもごも　子どもが喜《よろこ》ぶ・大喜《おおよろこ》び
12画

険（92ページ）　こざとへん　険
（つき出さない・はねる・はらう）
読み方：ケン　けわしい
使い方：危険《きけん》・保険《ほけん》　険《けわ》しい岩山
11画

93ページ

導 すん

導（一画・長く・はねる）

読み方
ドウ
みちびく

使い方
指導《しどう》・導入《どうにゅう》
会場に導《みちび》く

15画

漢字のでき方。

導 道…「みち」を表す。 寸…「手」を表す。

手を引いて道を案内することから、「みちびく」という意味を表すよ。

96ページ

能 にく

能（はねる・はねる・とめる）

読み方
ノウ
—

使い方
本能《ほんのう》・能力《のうりょく》

10画

「能」を使ったことわざ。

能あるたかはつめをかくす…本当にすぐれた才能がある人は、それを人に見せびらかしたりしないということのたとえ。

97ページ

略 たへん

略（小さく・はらう）

読み方
リャク
—

使い方
計略《けいりゃく》・省略《しょうりゃく》

11画

漢字の意味。

「略」には、いろいろな意味があるよ。
①考えをめぐらす。 例 計略・戦略
②はぶく。 例 略語・省略
③うばいとる。おかす。 例 略取・殺《さつ》略

101ページ

救 ぼくにょう ぼくづくり のぶん

救（わすれない・はらう・はねる）

読み方
キュウ
すくう

使い方
救出《きゅうしゅつ》・救助《きゅうじょ》・救急車《きゅうきゅうしゃ》
命を救《すく》う

11画

102ページ

弁 にじゅうあし

弁（とめる・長く・はらう・とめる）

読み方
ベン
—

使い方
花弁《かべん》・弁当《べんとう》・弁明《べんめい》

5画

ものしりメモ 「導く」の送りがなに気をつけよう。「導ちびく」「導びく」などと書いたらまちがいだよ。

言葉の文化② 鳥

102ページ

堂（つち）

はねる　下を長く

読み方　ドウ　―

使い方　堂々《どうどう》・お堂《どう》・食堂《しょくどう》

11画

108ページ

貯（かいへん）

立てる　はねる　とめる

読み方　チョ　―

使い方　貯水池《ちょすいち》・貯金《ちょきん》

12画

108ページ

雑（ふるとり）

はねる　とめる

読み方　ザツ・ゾウ　―

使い方　雑音《ざつおん》・雑誌《ざっし》・雑用《ざつよう》　雑木林《ぞうきばやし》・雑《ぞう》きん

14画

108ページ

殺（るまた）

はねる　はらう　とめる　あける

読み方　サツ（サイ）（セツ）　ころ**す**

使い方　殺風景《さっぷうけい》・殺虫《さっちゅう》ざい　声を殺《ころ》す

10画

110ページ

句（くち）

はねる

読み方　ク　―

使い方　俳句《はいく》・語句《ごく》・節句《せっく》

5画

110ページ

得（ぎょうにんべん）

少し長く　はねる

読み方　トク　え**る**・（う**る**）

使い方　得《とく》をする・得意《とくい》・説得《せっとく》　心得《こころえ》る

11画

同じ読み方の漢字。

得《とく》…手に入れる。もうかる。自分のものにする。
例 得点・損《そん》得・体得。

特《とく》…すぐれた。ただ一つの。
例 特技・特別・独《どく》特。

新しい読み方を覚える漢字

99ページ

導《みちびく》
導《みちび》く

特別な読み方の言葉

98

真っ赤　まっか

ものしりメモ　「雑」には「ザツ」と「ゾウ」という二つの音読みがあるから注意しよう。複数の音読みをもつ漢字はほかに「然」（「自然《シゼン》」「天然《テンネン》」）、「省」（「反省《ハンセイ》」「省略《ショウリャク》」）などがあるよ。

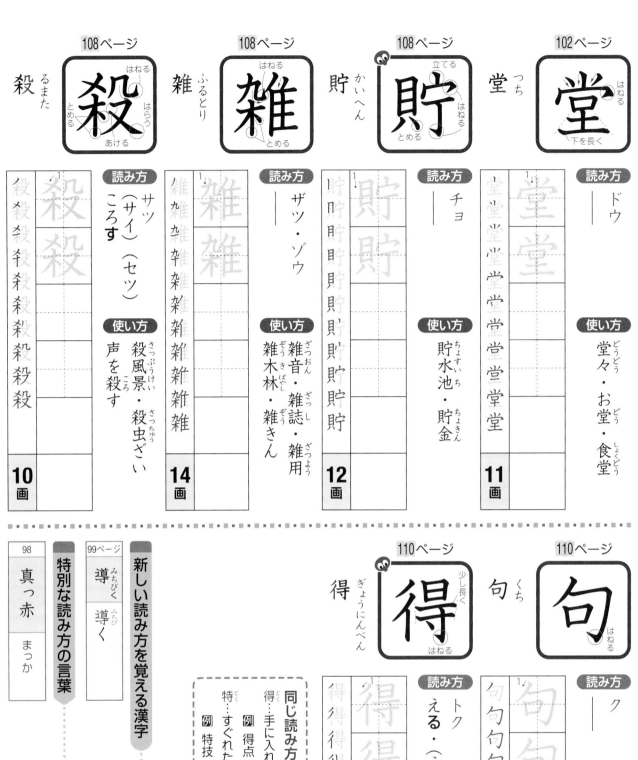

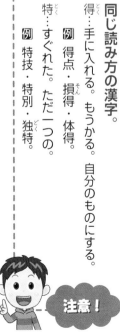

四　物語のやま場を見つけ、読みを深めよう

練習のワーク

大造《だいぞう》じいさんとがん
言葉の文化②　鳥

教科書　㊤90〜111ページ

答え　3ページ

勉強した日　月　日

1 新しい漢字を読みましょう。

① 90ページ 群れを率いる。（　　）

② がんの頭領の名前。（　　）

③ 夢中でかける。（　　）

④ 声をあげて喜ぶ。（　　）

⑤ 危《き》険を感じる。（　　）

⑥ 仲間を指導する。（　　）

⑦ 本能で感じる。（　　）

⑧ 計略で生けどる。（　　）

⑨ 真っ赤な空。（　　）

⑩ 安全な道へ導く。（　　）

⑪ 仲間を救う。（　　）

⑫ 白い花弁が散る。（　　）

⑬ 堂々とした態度。（　　）

⑭ 貯水池を見学する。（　　）

⑮ 学校の近くの雑木林。（　　）

⑯ 殺風景な部屋。（　　）

⑰ 110ページ 俳《はい》句の中の言葉。（　　）

⑱ 二つの得をする。（　　）

✿⑲ ここからはってん 初夢を見る。（　　）

✿⑳ けが人を救助する。（　　）

✿㉑ 雑音を取りのぞく。（　　）

✿の漢字は新出漢字の別の読み方です。

2 新しい漢字を書きましょう。〔　〕は、送りがなも書きましょう。

90ページ

①先生が生徒を〔　　〕《ひきいる》。

②□□《とうりょう》にしたがう。

③□□《むちゅう》で本を読む。

④ほめられて〔　　〕《よろこぶ》。

⑤危《き》□《けん》な場所には行かない。

⑥先生に□□《しどう》を受ける。

⑦動物の□□《ほんのう》。

⑧相手の□□《けいりゃく》にかかる。

⑨〔　　〕《まっか》なバラ。

⑩生徒を〔　　〕《みちびく》。

⑪病人を〔　　〕《すくう》。

⑫スミレの□□《かべん》を数える。

⑬□□《どうどう》と意見を述べる。

⑭□□□《ちょすいち》の周り。

⑮□□□《ぞうきばやし》の様子。

⑯□□□《さっぷうけい》な場所。

110ページ

⑰俳《はい》□《く》を味わう。

⑱□《とく》かどうかを考える。

ここからはってん

✲⑲よい□□《はつゆめ》を見た。

✲⑳□□《きゅうじょ》隊員がかけつける。

✲㉑□□《ざつおん》で集中できない。

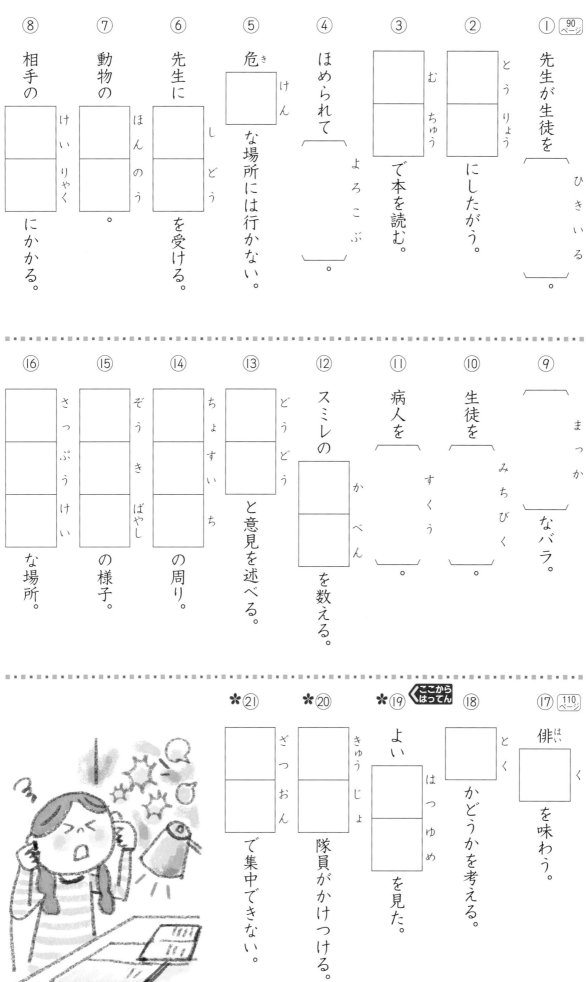

3 漢字で書きましょう。（〰は、送りがなも書きましょう。太字は、この回で習った漢字を使った言葉です。）

① **とうりょう**がなかまを**ひきいる**。

② ゆうえんちで**むちゅう**であそぶ。

③ ひさしぶりのせきせつを**よろこぶ**。

④ き**けん**からじぶんのみをまもる。

⑤ コーチの**しどう**でじょうたつする。

⑥ やせいの**ほんのう**がめざめる。

⑦ **けいりゃく**をめぐらせせいこうする。

⑧ うみべでけがをしたとりを**すくう**。

⑨ うめの**かべん**がまいおちる。

⑩ **どうどう**としてじしんのあるたいど。

⑪ **ちょすいち**でみずぶそくにそなえる。

⑫ ちかくの**ぞうきばやし**をさんぽする。

⑬ **さっぷうけい**なにわにはなをうえる。

⑭ ゆうめいなはいくをおんどくする。

⑮ そんか**とく**かできめることはしない。

基本のワーク

ミニディベート ——AI《エーアイ》とのくらし

◆「読み方」の赤い字は教科書で使われている読みです。はまちがえやすい漢字です。

教科書 上 116〜121ページ

勉強した日　月　日

ミニディベート ——AIとのくらし

117ページ

増　つちへん　増

読み方　ゾウ　ます　**ふえる**・**ふやす**

使い方　増加《ぞうか》・量が増《ま》す　数が増《ふ》える・人を増《ふ》やす

14画

漢字のでき方。
増　曽…「重ねる」ことを表す。
土…「土」を表す。
土を積み重ねることから、「ふやす」という意味を表すよ。

118ページ

準　さんずい　準（つき出す・長く）

読み方　ジュン　——

使い方　準備《じゅんび》・準決勝《じゅんけっしょう》

13画

118ページ

備　にんべん　備（つき出さない・はねる・とめる）

読み方　ビ　そな**える**・そな**わる**

使い方　準備《じゅんび》・整備《せいび》・備《そな》え付ける　気品が備《そな》わる

12画

漢字の意味。
「準」には、いろいろな意味があるよ。
①めやす。めあて。　例 基準・水準
②そなえる。　例 準備《び》
③その次に位置する。　例 準急・準決勝

「備」を使ったことわざ。
備えあればうれいなし…準備ができていれば、急によくないことが起きても、あわてずにすむ。

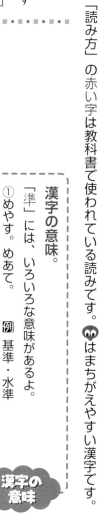

118ページ

効 ちから

効

立てる　とめる　はねる

読み方

コウ

きく

使い方

有効《ゆうこう》・効力《こうりょく》・効果的《こうかてき》

かぜ薬が効《き》く

8画

注意！

同じ読み方の漢字。

効《き》く…ききめがある。 例 薬が効く。

聞《き》く…音や声を耳にする。 例 物音を聞く。

118ページ

可 くち

可

つき出す　はねる

読み方

カ

―

使い方

可能性《かのうせい》・可決《かけつ》・許可《きょか》

5画

注意！

「可」の筆順。

「可可可可可」と書くよ。

二画めは「可」だね。「可」ではないよ。

118ページ

性 りっしんべん

性

一番長く

読み方

セイ・(ショウ)

―

使い方

可能性《かのうせい》・性格《せいかく》・習性《しゅうせい》

8画

でき方

漢字のでき方。

性　生…「生まれる」意味を表す。

忄…「心」を表す。

「生まれながらの心・生まれつき」という意味を表すよ。

120ページ

評 ごんべん

評

あける

読み方

ヒョウ

―

使い方

評価《ひょうか》・好評《こうひょう》・評論文《ひょうろんぶん》

12画

ものしりメモ　「評」は、「言」(言葉)と「平」(たいら)からできた漢字で、公平に話し合って定めることを表すよ。

練習のワーク

ミニディベート　――AI《エーアイ》とのくらし

教科書　上116～121ページ
答え　4ページ

勉強した日　　月　日

1 新しい漢字を読みましょう。

① 116ページ　説得力が増（　　）す。

② 話し合いの準備（　　）をする。

③ 有効（　　）に活用する。

④ 問題を起こす可能性（　　）。

⑤ 評価（　　）を伝える。

✿⑥ ここから はってん　人口が増加（　　）する。

2 新しい漢字を書きましょう。〔　〕は、送りがなも書きましょう。

① 116ページ　川の水が〔　　〕《ます》。

② □□《じゅんび》運動をする。

③ 時間を□□《ゆうこう》に使う。

④ □□□《かのうせい》にかける。

⑤ 作品を□□《ひょうか》する。

✿⑥ ここから はってん　旅行客が□□《ぞうか》する。

3 漢字で書きましょう。（～～は、送りがなも書きましょう。太字は、この回で習った漢字を使った言葉です。）

① とざんにひつような**じゅんび**をする。

② ~~あらた~~な**かのうせい**を~~もとめる~~。

③ ひごろのどりょくを**ひょうか**する。

✿の漢字は新出漢字の別の読み方です。

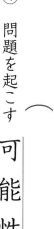

基本のワーク

漢字の広場③ 熟語《じゅく》の構成／四年生で学んだ漢字③
言葉の広場③ 方言と共通語

教科書 上 122〜127ページ

勉強した日　月　日

◆「読み方」の赤い字は教科書で使われている読みです。
●はまちがえやすい漢字です。

防（122ページ）

防　こざとへん

（立てる／はねる）

読み方：ボウ　ふせぐ

使い方：防犯《ぼうはん》・予防《よぼう》・消防署《しょうぼうしょ》　風を防《ふせ》ぐ

7画

犯（122ページ）

犯　けものへん

（つき出さない／はねる／はねる）

読み方：ハン　（おかす）

使い方：防犯《ぼうはん》・犯罪《はんざい》・犯人《はんにん》

5画

「犭」のつく漢字。
「犭」（けものへん）は、「犬」の形からできた部首で、けものに関係のある漢字につくよ。
犯…犬が囲いを飛び出すことから、「法などをおかす」という意味を表すよ。

罪（122ページ）

罪　あみがしら　よこめ

（はらう／とめる）

読み方：ザイ　つみ

使い方：犯罪《はんざい》・無罪《むざい》　罪《つみ》をきせる

13画

漢字のでき方。
罪
罒…「法律《りつ》のあみ」を表す。
非…「悪いこと」を表す。
悪いことをした人を法律のあみにかけることから、「つみ」を表すよ。

営（123ページ）

営　つかんむり

（はねる／下を大きく）

読み方：エイ　いとなむ

使い方：国営《こくえい》・市営《しえい》　農業を営《いとな》む

12画

123ページ

造

造 しんにょう しんにゅう

一画 下を長く

読み方

ゾウ

つくる

使い方

人造《じんぞう》・造船《ぞうせん》

自動車を造《つく》る

10画

同じ読み方の漢字。

造《つく》る…建物や船など、大きいものをつくる。

例 庭園を造る。橋を造る。

作《つく》る…小さなものや形のないものをつくる。

例 プラモデルを作る。規則《きそく》を作る。

注意！

123ページ

修

修 にんべん

わすれない はらう 一番長く

読み方

シュウ・（シュ）

おさめる

おさまる

使い方

修飾《しゅうしょく》・修理《しゅうり》

学業を修《おさ》める

10画

漢字の形に注意。

修 たてぼうをわすれないように。

注意！

123ページ

仮

仮 にんべん

はらう

読み方

カ・（ケ）

かり

使い方

仮題《かだい》・仮定《かてい》・仮面《かめん》

仮《かり》の話・仮《かり》に決める

6画

送りがなに注意。

○ 仮《かり》に　× 仮りに

「かり」と訓読みで読むときは、送りがなはつかないよ。

注意！

123ページ

耕

耕 すきへん

三本 とめる

読み方

コウ

たがやす

使い方

耕具《こうぐ》・耕作《こうさく》・農耕《のうこう》

畑を耕《たがや》す

10画

123ページ

綿

綿 いとへん

はらう はねる とめる

読み方

メン

わた

使い方

綿布《めんぷ》・綿花《めんか》・綿糸《めんし》

綿雲《わたぐも》・綿毛《わたげ》・綿《わた》あめ

14画

布

123ページ

布 はば

布（長く・つき出す・とめる・はねる）

読み方

フ

ぬの

使い方

綿布《めんぷ》・配布《はいふ》・毛布《もうふ》

布《ぬの》を切る・布《ぬの》きれ

5画

損

123ページ

損 てへん

損（とめる・はねる）

読み方

ソン

（そこなう）

（そこねる）

使い方

損得《そんとく》・損害《そんがい》・破損《はそん》

13画

「損」を使った言葉。

損害《そんがい》…損（そこなう）＋害（きずつける）
〈にた意味をもつ漢字の組み合わせ〉

損得《そんとく》…損（うしなう）＋得（手に入れる）
〈反対の意味をもつ漢字の組み合わせ〉

覚えよう！

豊

123ページ

豊 まめ

豊（つき出す・長く）

読み方

ホウ

ゆたか

使い方

豊富《ほうふ》・豊作《ほうさく》

豊《ゆた》かな実り

13画

久

123ページ

久 の はらいぼう

久（はらう）

読み方

キュウ・（ク）

ひさしい

使い方

永久《えいきゅう》・持久走《じきゅうそう》

別れて久《ひさ》しい・久《ひさ》しぶり

3画

毒

123ページ

毒 なかれ ははのかん

毒（長く・一画・はねる）

読み方

ドク

―

使い方

消毒《しょうどく》・中毒《ちゅうどく》・有毒《ゆうどく》

8画

新しい読み方を覚える漢字

ページ	漢字	例
122ページ	防《ふせ》ぐ	防《ふせ》ぐ
123	営《いとな》む	営《いとな》む
123	造《つく》る	造《つく》る
123	仮《かり》	仮《かり》
123	耕《たがや》す	耕《たがや》す
123	布《ぬの》	布《ぬの》
123	豊《ゆた》か	豊《ゆた》か
123	久《ひさ》しい	久《ひさ》しい

特別な読み方の言葉

ページ	言葉	読み
127	果物	くだもの

ものしりメモ

「豊」は、食器（「豆」）にきびという穀《こく》物をもった形からできた漢字だよ。「作物がたくさんある」ことを表し、そこから「おおきい」「さかんな」という意味にも使われるよ。

練習のワーク

漢字の広場③ 熟《じゅく》語の構成／四年生で学んだ漢字③
言葉の広場③ 方言と共通語

教科書 上122～127ページ

答え 4ページ

勉強した日　月　日

1 新しい漢字を読みましょう。

① 122ページ 防犯（　　）対策《さく》を考える。

② 事故を防（　　）ぐ。

③ 犯罪（　　）をおかす。

④ 国営（　　）の公園で遊ぶ。

⑤ 店を営（　　）む。

⑥ 人造（　　）のせんい。

⑦ 広い庭を造（　　）る。

⑧ 下の言葉を修（　　）飾《しょく》する。

⑨ 作った詩に仮題（　　）をつける。

⑩ 仮（　　）の話をする。

⑪ 昔の耕具（　　）。

⑫ あれた土地を耕（　　）す。

⑬ 綿布（　　）で服を作る。

⑭ アフリカで作られた布（　　）。

⑮ 損得（　　）で物事を考える。

⑯ 栄養が豊富（　　）な土。

⑰ 豊（　　）かな自然。

⑱ 草が永久（　　）に生えない土地。

⑲ 久（　　）しく会っていない。

⑳ きず口を消毒（　　）する。

㉑ 126ページ 果物（　　）のかき。

ここからはってん

✿㉒ 罪（　　）をつぐなう。

✿㉓ 英語を修（　　）める。

✿㉔ 祭りで綿（　　）あめを食べる。

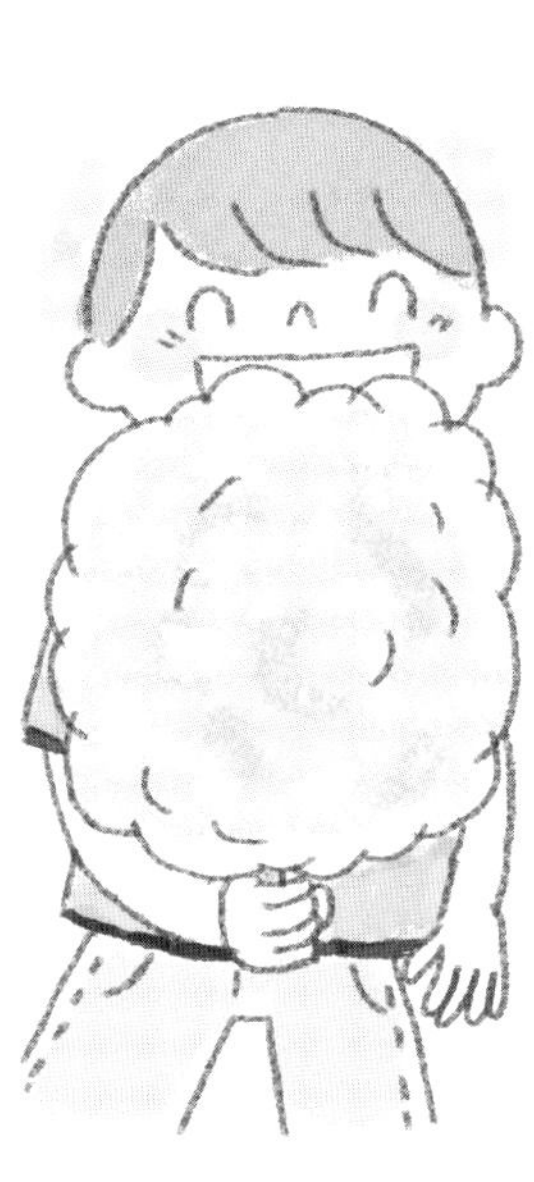

2 新しい漢字を書きましょう。〔　〕は、送りがなも書きましょう。

① 122ページ □□《ぼうはん》の意識をもつ。

② うがいでかぜを〔　　〕《ふせぐ》。

③ □□《はんざい》を取りしまる。

④ □□《こくえい》の体育館。

⑤ 生活を〔　　〕《いとなむ》。

⑥ □□《じんぞう》の湖。

⑦ 高いかべを〔　　〕《つくる》。

⑧ 文を□《しゅう》飾する。

⑨ 作文に□□《かだい》をつける。

⑩ 製《せい》品に□《かり》の名前をつける。

⑪ くわなどの□□《こうぐ》を買う。

⑫ 畑を〔　　〕《たがやす》。

⑬ □□《めんぷ》でできた服。

⑭ □《ぬの》からかばんを作る。

⑮ □□《そんとく》ぬきで行動する。

⑯ □□《ほうふ》な地下資源《げん》。

⑰ 自然が〔　　〕《ゆたか》な場所。

⑱ □□《えいきゅう》に変わらない。

✿の漢字は新出漢字の別の読み方です。

⑲ 故郷《きょう》をはなれて（　　）《ひさしい》。

⑳ 病院で□□《しょうどく》してもらう。

㉑ 126ページ □□《くだもの》を食べる。

ここから はってん

✿㉒ □《つみ》をおかす。

✿㉓ 学業を□《おさ》める。

✿㉔ □《わた》あめのような雲。

3 漢字で書きましょう。（～～は、送りがなも書きましょう。太字は、この回で習った漢字を使った言葉です。）

① しょうどくできずのあっかをふせぐ。

② やすいめんぷをうるみせをいとなむ。

③ ゆたかなもりをえいきゅうにのこす。

4 四年生で学んだ漢字

四年生で習った漢字を書きましょう。

① □□《みやぎ》県の祭り。

② □□《とちぎ》県産のいちご。

③ □□《いばらき》県の川。

④ 母は□□《さいたま》県出身だ。

⑤ □□□《かながわ》県の街なみ。

⑥ □□《しずおか》県産のお茶を飲む。

⑦ □□《やまなし》県産のぶどう。

⑧ 秋田県南秋田□《ぐん》。

⑨ □□《にいがた》県産の米をたく。

⑩ □□《ぐんま》県から引っこす。

⑪ □□《とやま》県のチューリップ。

⑫ □□《ぎふ》県の山村。

⑬ □□《ふくい》県から出た化石。

⑭ □□《しが》県の湖。

⑮ □□《なら》県の大仏《ぶつ》。

⑯ □□□《きょうとふ》の寺社。

⑰ □□《おかやま》県の美術館。

⑱ □□□《おおさかふ》にあるしろ。

⑲ □□《とくしま》県の阿波《あわ》おどり。

⑳ □□《かがわ》県のうどん。

㉑ □□《えひめ》県の温泉《せん》。

㉒ □□《ふくおか》県の博物館。

㉓ □□《さが》県のいせき。

㉔ □□《ながさき》県の地形。

㉕ □□《くまもと》県の山に登る。

㉖ □□□《かごしま》県の火山。

㉗ □□《みやざき》県の牧場。

㉘ □□《おきなわ》県の水族館。

基本のワーク

世界遺産《い》 白神山地《しらかみさんち》からの提言 ――意見文を書こう

教科書 下8〜21ページ

勉強した日 月 日

世界遺産 白神山地からの提言 ――意見文を書こう

◆「読み方」の赤い字は教科書で使われている読みです。●はまちがえやすい漢字です。

提 （8ページ）

提 てへん

はねる はらう

読み方：テイ （さげる）

使い方：提言《ていげん》・提案《ていあん》・前提《ぜんてい》

12画

漢字のでき方。

提 是…「まっすぐ」という意味を表す。 扌…「手」を表す。

「手でまっすぐにさげる・差し出す」などの意味を表すよ。

支 （8ページ）

支 し

あける はらう

読み方：シ ささえる

使い方：支出《ししゅつ》・支店《してん》 木を支《ささ》える・心の支《ささ》え

4画

採 （9ページ）

採 てへん

はねる とめる はらう

読み方：サイ とる

使い方：伐採《ばっさい》・採点《さいてん》・採用《さいよう》 山菜を採《と》る

11画

同じ読み方の漢字。

採《と》る…さがして集める。選んで集める。

例 きのこを採る。社員を採る。

取《と》る…手に持つ。にぎる。手に入れる。

例 バットを取る。点を取る。

保 （10ページ）

保 にんべん

とめる はらう

読み方：ホ たもつ

使い方：保護運動《ほごうんどう》・保管《ほかん》 健康を保《たも》つ

9画

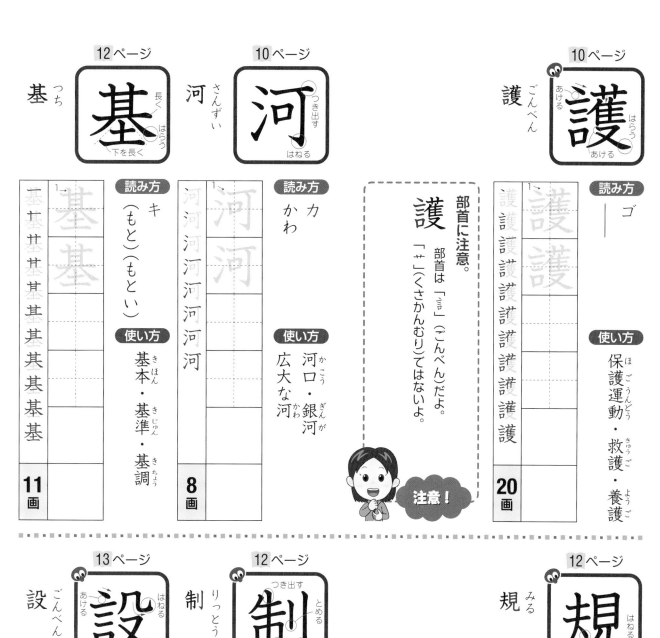

10ページ

護 ごんべん

護（あける・はらう・あける）

読み方
ゴ
―

使い方
保護《ほご》運動《うんどう》・救護《きゅうご》・養護《ようご》

20画

部首に注意。
護
部首は「言」（ごんべん）だよ。
「艹」（くさかんむり）ではないよ。

10ページ

河 さんずい

河（つき出す・はねる）

読み方
カ
かわ

使い方
河口《かこう》・銀河《ぎんが》
広大な河《かわ》

8画

12ページ

基 つち

基（長く・はらう・下を長く）

読み方
キ
（もと）（もとい）

使い方
基本《きほん》・基準《きじゅん》・基調《きちょう》

11画

12ページ

規 みる

規（はねる・とめる）

読み方
キ
―

使い方
規制《きせい》・規約《きやく》・新規《しんき》

11画

漢字の意味。
「規」には、いろいろな意味があるよ。
①きまり。手本。 例 規則《そく》・規約
②正す。いましめる。 例 規正・規制
③コンパスなどの用具。 例 定規

12ページ

制 りっとう

制（つき出す・とめる・はねる）

読み方
セイ
―

使い方
規制《きせい》・制作《せいさく》・制度《せいど》

8画

13ページ

設 ごんべん

設（あける・はねる・はらう）

読み方
セツ
もうける

使い方
施設《しせつ》・設立《せつりつ》・建設《けんせつ》
きまりを設《もう》ける

11画

ものしりメモ
「保健」は、「健康を保つこと」だね。同じ読み方の「保険」は、「前もってお金をはらい、事故や病気のときにお金を受け取る仕組み」のことだよ。使い分けに気をつけよう。

13ページ

限

点をつけない　はねる　はらう

限　こざとへん

読み方
ゲン
かぎる

使い方
最小限《さいしょうげん》・限界《げんかい》・期限《きげん》
学生に限《かぎ》る・今日限《かぎ》り

9画

覚えよう！

「阝」のつく漢字。
「阝」(こざとへん)は、土地や地形に関係のある漢字につくよ。
「阝」のつく漢字…院　陸　隊　陽　など。

13ページ

条

はらう　とめる

条　き

読み方
ジョウ
—

使い方
条件《じょうけん》・条約《じょうやく》

7画

注意！

漢字の形に注意。
条　「木」を「ホ」としないようにしよう。

13ページ

件

つき出す　下を長く

件　にんべん

読み方
ケン
—

使い方
条件《じょうけん》・事件《じけん》・用件《ようけん》

6画

13ページ

接

立てる　少し出す　はねる　とめる

接　てへん

読み方
セツ
（つぐ）

使い方
直接《ちょくせつ》・接近《せっきん》・接続《せつぞく》

11画

20ページ

張

長く　はらう　はねる

張　ゆみへん

読み方
チョウ
はる

使い方
主張《しゅちょう》・出張《しゅっちょう》
つなを張《は》る

11画

新しい読み方を覚える漢字

13ページ	
限《ゲン》	最小限《さいしょうげん》
13	
設《もうける》	設《もう》ける
17	
保《たもつ》	保《たも》つ

ものしりメモ

「張」は、「弓のつるを張る」がもとの意味で、そこから「はりひろげる」「言いはる」という意味にも広がって使われるようになった漢字だよ。

一 根拠《きょ》となる資料にもとづいて考えを深め、自分の意見を書こう

練習のワーク

世界遺《い》産 白神山地《しらかみさんち》からの提言 ——意見文を書こう

教科書 ㊦8〜21ページ　答え 4ページ

勉強した日　月　日

1 新しい漢字を読みましょう。

① 8ページ 自然について 提言（　）する。

② 豊かな自然を 支（　）える。

③ 森を 伐《ばっ》採（　）する。

④ 保護運動（　）が広がる。

⑤ 河口（　）近くの海。

⑥ 基本（　）とすること。

⑦ 山に入るのを 規制（　）する。

⑧ 観光 施《し》設（　）がない。

⑨ 行動が 限（　）られる。

⑩ 条件（　）がきびしい。

⑪ 最小限（　）にとどめる。

⑫ 案内所を 設（　）ける。

⑬ 手に 直接（　）ふれる。

⑭ シカの数を一定に 保（　）つ。

⑮ 自分の 主張（　）を伝える。

ここからはってん

✿⑯ 銀行の 支店（　）。

✿⑰ 草むらで虫を 採（　）る。

✿⑱ 河（　）の下流を歩く。

✿⑲ テントを 張（　）る。

✿の漢字は新出漢字の別の読み方です。

2 新しい漢字を書きましょう。〔　〕は、送りがなも書きましょう。

① 8ページ □□《ていげん》を受け入れる。

② つえで体を〔　　〕《ささえる》。

③ スギの木の伐《ばっ》□《さい》。

④ □□□□《ほごうんどう》。

⑤ □□《かこう》から上流に向かう。

⑥ □□《きほん》的な作業。

⑦ 祭りによる交通□□《きせい》。

⑧ 文化施《し》□《せつ》を見学する。

⑨ 飲食の場所を〔　　〕《かぎる》。

⑩ 気象□□《じょうけん》が整う。

⑪ □□□《さいしょうげん》の力。

⑫ 話し合いの場を〔　　〕《もうける》。

⑬ 集合場所に□□《ちょくせつ》向かう。

⑭ 部屋を清潔《けつ》に〔　　〕《たもつ》。

⑮ ほかの人の□□《しゅちょう》を聞く。

ここからはってん

✿⑯ 大阪に□□《してん》を出す。

✿⑰ あみでちょうを□《と》る。

✿⑱ 弓を□《は》る。

3 漢字で書きましょう。（～～は、送りがなも書きましょう。太字は、この回で習った漢字を使った言葉です。）

① どうろ**きせい**についての**ていげん**。

② しんりんの**ほごうんどう**にくわわる。

③ じどうかいかんなどのし**せつ**にいく。

基本のワーク

言葉の文化③「古典」を楽しむ
言葉の広場④ かなづかいで気をつけること

教科書 ㊦22～31ページ

勉強した日　月　日

◆「読み方」の赤い字は教科書で使われている読みです。

言葉の文化③「古典」を楽しむ

25ページ

師（はば）　つき出さない　はねる

読み方：シ
—

使い方：法師《ほうし》・漁師《りょうし》

10画

26ページ

枝（きへん）　とめる　はらう

読み方：（シ）
えだ

使い方：木の枝《えだ》・枝豆《えだまめ》・小枝《こえだ》

8画

27ページ

似（にんべん）　とめる

読み方：（ジ）
にる

使い方：形が似《に》る・似顔絵《にがおえ》

7画

28ページ

演（さんずい）　立てる　はねる　つける　とめる

読み方：エン
—

使い方：演劇《えんげき》・演技《えんぎ》・公演《こうえん》

14画

漢字の意味。
「演」には、「ひろめる・述べる」「人の前でしてみせる」という意味があるよ。
例　演説・講《こう》演・演芸

言葉の広場④ かなづかいで気をつけること

31ページ

貧（かい）　あける　はらう　はねる　とめる

読み方：（ヒン）・ビン
まずしい

使い方：貧《びん》ぼう
貧《まず》しい生活

11画

31ページ

築

築 たけかんむり

はねる　はらう　とめる

読み方

チク
きずく

使い方

建築《けんちく》・新築《しんちく》
関係を築《きず》く・築《きず》きあげる

16画

部首に注意。

築
部首は「⺮」(たけかんむり)。「木」(き)ではないので気をつけよう。

注意！

31ページ

政

政 ぼくにょう ぼくづくり のぶん

はらう

読み方

セイ・(ショウ)
(まつりごと)

使い方

政治《せいじ》・政府《せいふ》・行政《ぎょうせい》

9画

漢字のでき方。

政
攵…「強制する」ことを表す。
正…「ただしい」ことを表す。
「正しい道へみちびく」などの意味を表すよ。

でき方

31ページ

税

税 のぎへん

はねる　とめる

読み方

ゼイ
—

使い方

税金《ぜいきん》・住民税《じゅうみんぜい》・消費税《しょうひぜい》

12画

31ページ

賞

賞 かい

はねる　はらう　とめる

読み方

ショウ
—

使い方

賞品《しょうひん》・受賞《じゅしょう》・一等賞《いっとうしょう》

15画

31ページ

興

興 うす

二画　一画　長く　とめる

読み方

コウ・キョウ
(おこる)(おこす)

使い方

興奮《こうふん》・復興《ふっこう》・興味《きょうみ》

16画

筆順に注意。

興
左の部分は「丿 亻 亻 亻」と四画で、右の部分は「ㇷ ヨ ヨ」と三画で書くことに気をつけよう。

注意！

ものしりメモ

「税」は、「禾」(いね)と「兑」(ぬきとる)からできた漢字で、国などにおさめる「税金」の意味を表すよ。昔は税金として米などをおさめていたんだ。

練習のワーク

言葉の文化③ 「古典」を楽しむ
言葉の広場④ かなづかいで気をつけること

教科書 ㊦22〜31ページ
答え 4ページ

勉強した日 月 日

1 新しい漢字を読みましょう。

① 22ページ 琵琶《びわ》法師（　　）が語る物語。

② 木の枝（　　）を拾う。

③ 昔話と内容が似（　　）る。

④ 室町《むろまち》時代の演劇《げき》（　　）。

⑤ 30ページ 貧（　　）しいくらし。

⑥ 城を築（　　）く。

⑦ 政治（　　）に関心をもつ。

⑧ 税金（　　）をおさめる。

⑨ ごうかな賞品（　　）。

⑩ 写真に興味（　　）がある。

ここからはってん

✿⑪ 貧（　　）ぼうな生活。

✿⑫ ビルを建築（　　）する。

✿⑬ 熱戦に興奮《ふん》（　　）する。

2 新しい漢字を書きましょう。〔　〕は、送りがなも書きましょう。

① 22ページ □□（ほうし）がしゅぎょうする。

② 木の□（えだ）を切る。

③ 兄弟で顔が〔　　　（にる）〕。

✿の漢字は新出漢字の別の読み方です。

④ □《えん》劇《げき》に出る。

⑤ 〔30ページ〕 （　　）《まずしい》身なりの人。

⑥ 寺院を（　　）《きずく》。

⑦ □□《せいじ》のニュースを見る。

⑧ □□《ぜいきん》で造られた橋。

⑨ くじの□□《しょうひん》をもらう。

⑩ 野球に□□《きょうみ》をもつ。

ここからはってん

✿⑪ □《びん》ぼうからぬけ出す。

✿⑫ 有名な□□《けんちく》を見て回る。

✿⑬ □《こう》奮《ふん》が冷めない。

3 漢字で書きましょう。（～～は、おくりがなも書きましょう。太字は、この回で習った漢字を使った言葉です。）

① てらの**ほうし**がうめの**えだ**をおる。

② らっかんてきなぶぶんがおやに**にる**。

③ **まずしい**くににいやくひんをおくる。

④ しあわせなかていを**きずく**。

⑤ こくみんが**せいじ**にさんかする。

⑥ しょうてんがいのくじの**しょうひん**。

基本のワーク

漢字の広場④ 漢字の成り立ち／四年生で学んだ漢字④

雪わたり

教科書 下32～65ページ

勉強した日 月 日

漢字の広場④ 漢字の成り立ち

◆「読み方」の赤い字は教科書で使われている読みです。●はまちがえやすい漢字です。

33ページ

因（くにがまえ）　はらう

読み方　イン　（よる）

使い方　原因《げんいん》・要因《よういん》

6画

漢字の形に注意。
因 「大」を「木」としないようにしよう。

33ページ

武（とめる）　わすれない　長く　はねる

読み方　ブ・ム

使い方　武器《ぶき》・武士《ぶし》
武者《むしゃ》

8画

漢字の意味。
「武」には、「強い」「たたかい」という意味があるよ。
武勇…武術にすぐれ、強く勇ましいこと。
武器…たたかいに使う道具。

33ページ

眼（めへん）　点をつけない　はらう

読み方　ガン・（ゲン）　（まなこ）

使い方　眼科《がんか》・肉眼《にくがん》・方眼紙《ほうがんし》

11画

形の似ている漢字。
眼（ガン）　例 眼球・着眼点
限（ゲン・かぎ・る）　例 期限・時間を限る
根（コン・ね）　例 球根・屋根

33ページ

財　かいへん

読み方
ザイ・(サイ)
―

使い方
財産《ざいさん》・文化財《ぶんかざい》

10画

覚えよう!

「貝」のつく漢字。
「貝」(かいへん)は、お金に関係のある漢字につくよ。貝は昔、お金のかわりに使われていたよ。
財…お金。ねうちのある品物のこと。例 財産
貯…お金やものをためること。例 貯金

33ページ

額　おおがい

読み方
ガク
ひたい

使い方
額面《がくめん》・金額《きんがく》
額《ひたい》のあせ

18画

漢字の意味

漢字の意味。
「額」には、いろいろな意味があるよ。
①ひたい。例 額にあせをかく
②分量。お金の量。例 額面・金額
③絵などを入れるがく。例 額ぶち

33ページ

紀　いとへん

読み方
キ
―

使い方
紀行文《きこうぶん》・二十一世紀《せいき》

9画

注意!

同じ読み方で形の似ている漢字。
紀(キ) すじみち立ててかいたもの。年代。例 紀行文・世紀
記(キ) かきしるす。しるし。覚える。例 日記・記号・暗記

36ページ　雪わたり

燃　ひへん

読み方
ネン
もえる・もやす
もす

使い方
燃料《ねんりょう》・燃《も》えるごみ
紙を燃《も》やす

16画

でき方

漢字のでき方。
燃　然…「もえる」ことを表す。火…「火」を表す。
「火がもえる」ことを表すよ。

41ページ

粉

粉　こめへん

粉（あける・とめる・はねる）

読み方

フン

こ・こな

使い方

粉末《ふんまつ》・花粉《かふん》・小麦粉《こむぎこ》

粉《こな》にする・粉薬《こなぐすり》・粉雪《こなゆき》

10画

42ページ

断

断　おのづくり

断（とめる・はらう・とめる）

読み方

ダン

（たつ）・ことわる

使い方

決断《けつだん》・判断《はんだん》・油断《ゆだん》

さそいを断《ことわ》る

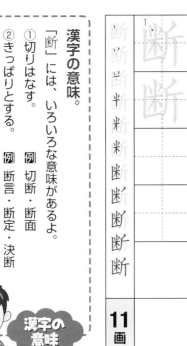

11画

漢字の意味。

「断」には、いろいろな意味があるよ。

①切りはなす。　例 切断・断面

②きっぱりとする。　例 断言・断定・決断

③ことわる。　例 無断

53ページ

寄

寄　うかんむり

寄（立てる・はねる・長く）

読み方

キ

よる・よせる

使い方

寄贈《きぞう》・寄生《きせい》・寄付《きふ》

近寄《ちかよ》る・波が寄《よ》せる

11画

60ページ

判

判　りっとう

判（つき出す・はねる・とめる）

読み方

ハン・バン

―

使い方

判断《はんだん》・判定《はんてい》

評判《ひょうばん》・小判《こばん》

7画

64ページ

往

往　ぎょうにんべん

往（一番長く）

読み方

オウ

―

使い方

右往左往《うおうさおう》・往復《おうふく》・往来《おうらい》

8画

形の似ている漢字。

往（オウ）　いく。すぎさる。　例 往時・往路

住（ジュウ）　すむ。　例 住居《きょ》・住所

特別な読み方の言葉

33ページ

河原　かわら

ものしりメモ　「判」は、「半」（二つに分ける）と「刂」（刀）からできた漢字で、「区別する」「決める」ことを表すよ。

練習のワーク

漢字の広場④　漢字の成り立ち／四年生で学んだ漢字④　雪わたり

教科書 ㊦32〜65ページ　答え 5ページ

勉強した日　月　日

1 新しい漢字を読みましょう。

① 32ページ かぜの原因（　）。
② 武士（　）のくらし。
③ 河原（　）を散歩する。
④ 眼科（　）に行く。
⑤ たくさんの財産（　）がある。
⑥ 金額（　）を計算する。
⑦ 紀行文（　）を書く。

⑧ 36ページ お日様が燃（　）える。
⑨ 粉（　）から作っただんご。
⑩ 十二さい以上はお断（　）りだ。
⑪ おもちを寄贈《ぞう》（　）する。
⑫ 悪い評判（　）をなくす。
⑬ 右往左往（　）する。
ここからはってん
✿⑭ 武者（　）人形をかざる。

✿⑮ 額（　）に手を当てる。
✿⑯ まきを燃料（　）に使う。
✿⑰ 花粉（　）が飛ぶ。
✿⑱ 小麦粉（　）をまぶす。
✿⑲ つい油断（　）する。
✿⑳ 画面に近寄（　）る。
✿㉑ 判定（　）を下す。

✿の漢字は新出漢字の別の読み方です。

2 新しい漢字を書きましょう。〔　〕は、送りがなも書きましょう。

① 32ページ □□《げんいん》と結果。

② □□《ぶし》の時代。

③ 広い□□《かわら》を歩く。

④ 病院の□□《がんか》のしん察。

⑤ ばく大な□□《ざいさん》を得る。

⑥ □□《きんがく》を確かめる。

⑦ 作家の□□□《きこうぶん》。

⑧ 36ページ 〔　　〕《もえる》ような赤い色。

⑨ □《こな》のような雪がまう。

⑩ 提案を〔　　〕《ことわる》。

⑪ 標本を□《き》贈する。

⑫ 店の□□《ひょうばん》が上がる。

⑬ □□□□《うおうさおう》。

ここからはってん

✿⑭ □□《むしゃ》ぶるいをする。

✿⑮ ねこの□《ひたい》ほどの広さ。

✿⑯ 固形の□□《ねんりょう》。

✿⑰ はちが□□《かふん》を運ぶ。

✿⑱ □□□《こむぎこ》を使う。

✿⑲ □□《ゆだん》できない相手。

✿⑳ まどに□□《ちかよ》る。

✿㉑ セーフと□□《はんてい》される。

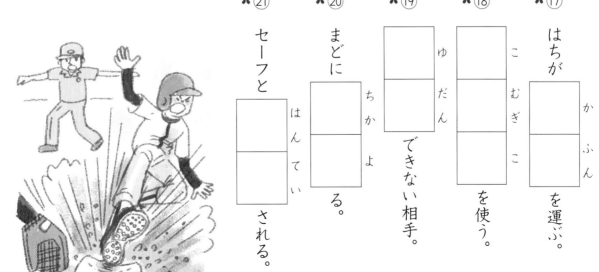

3 漢字で書きましょう。（〰は、送りがなも書きましょう。太字は、この回で習った漢字を使った言葉です。）

① じこの**げんいん**を**しらべる**。

② しょうせつに**ぶし**がとうじょうする。

③ **がんか**のいしのしんさつを**うける**。

④ たいへんな**きんがく**の**ざいさん**。

⑤ ゆうめいなさっかの**きこうぶん**。

⑥ **もえる**もくざいに**うおうさおう**する。

⑦ こむぎの**こな**でパンを**やく**。

⑧ ほけんのかにゅうを**ことわる**。

⑨ しっぱいして**ひょうばん**を**おとす**。

4 四年生で学んだ漢字

四年生で習った漢字を書きましょう。〔　〕は、送りがなも書きましょう。

① 太陽が海を〔　　〕《てらす》。

② □□□《ひこうき》の旅。

③ □□《ちゃくりく》体勢に入る。

④ □□□《さいしんしき》の道具。

⑤ 魚をつる□□《ぎょせん》。

⑥ □□《くろう》して手に入れる。

⑦ はま□《べ》を散歩する。

⑧ 川の〔　　〕《あさい》ところ。

⑨ 深い□□《かいてい》にすむ魚。

⑩ □□《ぼくじょう》で馬を飼う。

⑪ □□《しぜん》が多く残る。

⑫ □□《せいりゅう》のある山あいの村。

⑬ 〔　　〕《まわり》に気をつかう。

⑭ 美しい□□《ふうけい》。

⑮ □□□《もくてき》につく。

⑯ □□□□《かもつれっしゃ》。

⑰ 〔　　〕《つみ》荷を運ぶ。

⑱ □□《きかい》を動かす。

⑲ □□□《いんさつじょ》の見学。

⑳ □□《そうこ》に米を置く。

㉑ 高い□□《たてもの》がならぶ。

㉒ 警《けい》□□《さっかん》にあこがれる。

㉓ □《ほう》律《りつ》を守る。

㉔ 工場で〔　　〕《はたらく》。

㉕ □□□《はくぶつかん》に行く。

㉖ □□《せつめい》をよく聞く。

㉗ □□□《ふしぎ》なこと。

㉘ 通りの□□《がいとう》がともる。

㉙ □□□《きねんひん》をもらう。

㉚ □□□《みんげいひん》を売る店。

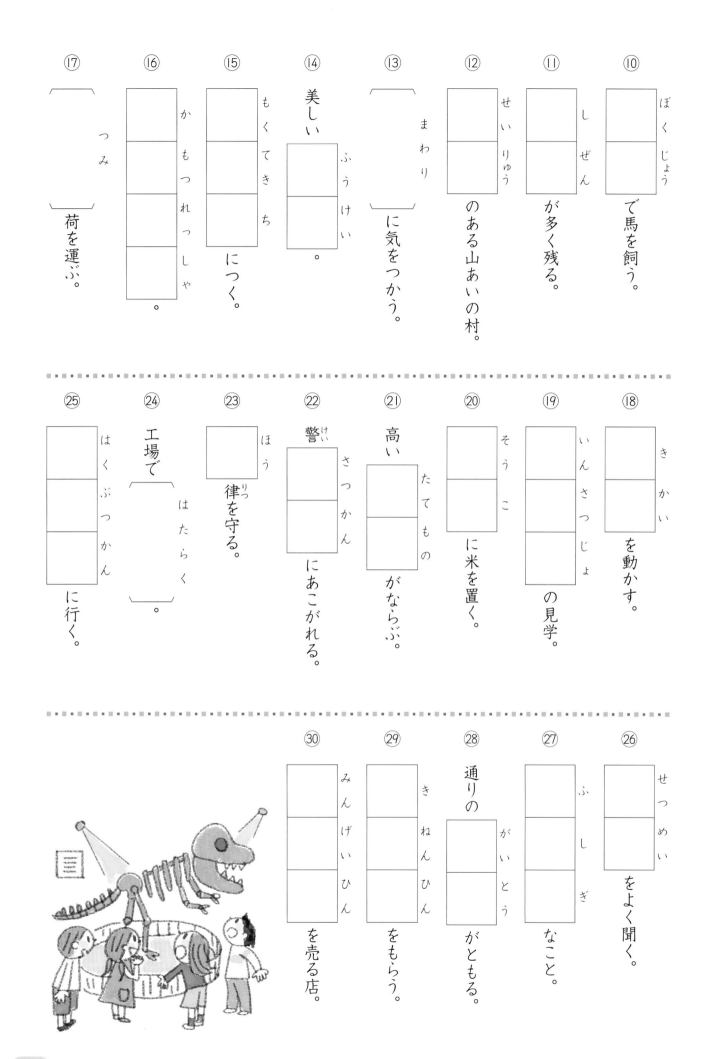

冬休み まとめのテスト❶

教科書 上90～下65ページ
答え 5ページ

時間20分

とく点 /100点
勉強した日 月 日

1 ――線の漢字の読み方を書きましょう。 一つ2(28点)

① 指導者が児童を率いる。
② 相手の計略にはめられ、夢中でにげる。
③ 真っ赤な夕焼けが心を救う。
④ 雑木林にさく花の花弁。
⑤ 準備した資料を有効に活用する。
⑥ 修飾《しょく》語を用いて表現を豊かにする。
⑦ 新しい耕具で畑を耕す。

2 □は漢字を、〔 〕は漢字と送りがなを書きましょう。 一つ2(28点)

① □□《とうりょう》の命令。
② 勝ちを〔 〕《よろこぶ》。
③ 危《き》□《けん》な仕事。
④ □□□《ちょすいち》。
⑤ □□□《さっぷうけい》。
⑥ 俳《はい》□《く》を作る。
⑦ 量が〔 〕《ます》。
⑧ □□《ひょうか》が高い。
⑨ □□《はんざい》をおかす。
⑩ □□《こくえい》公園。
⑪ □《かり》の名前をつける。
⑫ □□《めんぷ》で作る服。
⑬ □□《そんとく》で決める。
⑭ □□《えいきゅう》に残る。

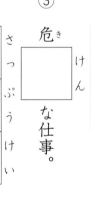

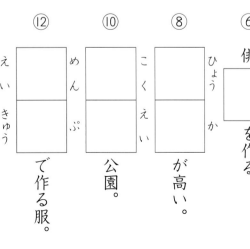

3 ――線の言葉を、漢字と送りがなで書きましょう。 一つ2（8点）

① パン屋をいとなむ。

② 仲間がふえる。

③ けわしい道が続く。

④ 友達と別れてひさしい。

4 次の熟《じゅく》語の構成をア～オから選び、（　）に記号を書きましょう。 一つ2（8点）

① 防火（　）　② 人造（　）

③ 耕具（　）　④ 森林（　）

ア 上の漢字が主語であるもの。

イ 上の漢字が下を修飾するもの。

ウ 関係のある意味の漢字がならぶもの。

エ 上の漢字が動作を表し、その対象を表す漢字が下にくるもの。

オ 下の言葉の意味を打ち消す漢字が上につくもの。

5 □に「未・無・不・非」の打ち消しの漢字のうち、あてはまるものを書いて、熟語を作りましょう。 一つ2（10点）

① □完　② □番　③ □信

④ □限　⑤ □快

6 形の似ている漢字に気をつけて、□に漢字を書きましょう。 一つ2（16点）

①
1 □《か》決する。
2 □《なに》かが起こる。

②
1 身体□《のう》力。
2 □《たい》度が悪い。

③
1 出□《ちょう》する。
2 手□《ちょう》を見る。

④
1 気の□《どく》だ。
2 □《まい》日会う人。

7 次の漢字の筆順で、正しいほうに○をつけましょう。 （2点）

備

ア（　）
イ（　）

冬休み まとめのテスト❷

教科書 上90～下65ページ

答え 5ページ

時間 20分

得点 /100点

勉強した日 月 日

1 ――線の漢字の読み方を書きましょう。 一つ2（28点）

① 河口（　）の整備を提言（　）する。

② 今日に限（　）り、入場を規制（　）する。

③ この演劇《げき》（　）の役者は父に似（　）ている。

④ 貧（　）しい人々のために税金（　）を使う。

⑤ 一等の賞品（　）に興味（　）がある。

⑥ 武士（　）二人が河原（　）で対決する。

⑦ 紀行文（　）で得た知識が財産（　）となる。

2 □は漢字を、（　）は漢字と送りがなを書きましょう。 一つ2（28点）

① □□《きほん》の練習。

② 整った施《し》□《せつ》。

③ □□《じょうけん》を示す。

④ □□《しゅちょう》を述べる。

⑤ 琵琶《びわ》□□《ほうし》。

⑥ □《えだ》が折れる。

⑦ 城を（　　）《きずく》。

⑧ □□《せいじ》家。

⑨ □□《げんいん》の調査《さ》。

⑩ □□《がんか》に通う。

⑪ 木が（　　）《もえる》。

⑫ □《こな》を練る。

⑬ □□《ひょうばん》がよい。

⑭ □□□□《おうおうさおう》。

3 ――線の言葉を、漢字と送りがなで書きましょう。　一つ3（12点）

① 良好な関係をたもつ。

② 余《よ》白をもうける。

③ 柱でささえる。

④ 提案をことわる。

4 次の漢字の成り立ちをア～エから選び、（　）に記号を書きましょう。　一つ2（8点）

① 性（　）　② 位（　）

③ 馬（　）　④ 末（　）

ア　物の形をかたどった漢字。（象形《しょうけい》文字）

イ　意味を図形や記号で表した漢字。（指事《しじ》文字）

ウ　漢字の意味を組み合わせた漢字。（会意《かいい》文字）

エ　意味を表す部分と、音《おん》を表す部分とを組み合わせた漢字。（形声《けいせい》文字）

5 熟《じゅく》語ができるように漢字を［　］から選んで□に書き、（　）にその熟語の読み方を書きましょう。　両方できて一つ3（12点）

① □取（　）

② □続（　）

③ □付（　）

④ □護（　）

［接　弁　採　寄］

6 次の漢字の二通りの読み方を書きましょう。　一つ2（8点）

① 額
1 絵に合う額を選ぶ。（　）
2 額にあせをかく。（　）

② 興
1 興味深い話。（　）
2 興奮《ふん》する。（　）

7 次の漢字の総《そう》画数を、（　）に数字で書きましょう。　一つ2（4点）

① 限（　）画　② 紀（　）画

基本のワーク

生活をよりよくする提案 言葉の広場⑥ 和語・漢語・外来語

教科書 下76～85ページ

勉強した日 月 日

◆「読み方」の赤い字は教科書で使われている読みです。○はまちがえやすい漢字です。

生活をよりよくする提案／言葉の広場⑥ 和語・漢語・外来語

77ページ

衛（ぎょうがまえ ゆきがまえ）16画

はねる／つき出す／×五

読み方：エイ —

使い方：不衛生《ふえいせい》・人工衛星《じんこうえいせい》

79ページ

過（しんにょう しんにゅう）12画

はねる／一画

読み方：カ すぎる・すごす (あやまつ)(あやまち)

使い方：通過《つうか》・通り過《す》ぎる 家で過《す》ごす

80ページ

潔（さんずい）15画

つき出さない／つき出す／はねる／とめる

読み方：ケツ (いさぎよい)

使い方：簡潔《かんけつ》・潔白《けっぱく》・清潔《せいけつ》

82ページ

境（つちへん）14画

立てる／下を長く／はねる

読み方：キョウ・(ケイ) さかい

使い方：環境《かんきょう》・境界《きょうかい》・国境《こっきょう》(くにざかい) 境目《さかいめ》・県境《けんざかい》(けんきょう)

82ページ

査（き）9画

とめる／はらう／長く

読み方：サ —

使い方：調査《ちょうさ》・査定《さてい》・審査《しんさ》

漢字の形に注意。

査 「且」を「旦」としないようにしよう。

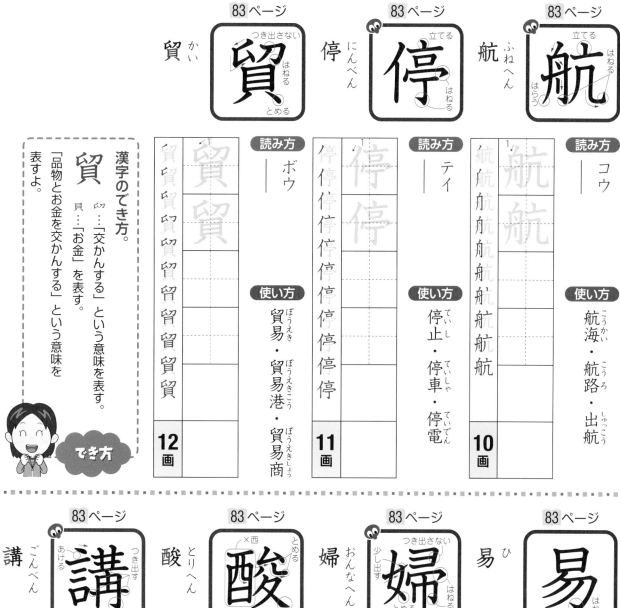

83ページ

航

航　ふねへん

立てる　はねる　はらう

読み方　コウ　―

使い方　航海《こうかい》・航路《こうろ》・出航《しゅっこう》

10画

83ページ

停

停　にんべん

立てる　はねる

読み方　テイ　―

使い方　停止《ていし》・停車《ていしゃ》・停電《ていでん》

11画

83ページ

貿

貿　かい

つき出さない　はねる　とめる

読み方　ボウ　―

使い方　貿易《ぼうえき》・貿易港《ぼうえきこう》・貿易商《ぼうえきしょう》

12画

漢字のでき方。

貿　卯…「交かんする」という意味を表す。
貝…「お金」を表す。
「品物とお金を交かんする」という意味を表すよ。

83ページ

易

易　ひ

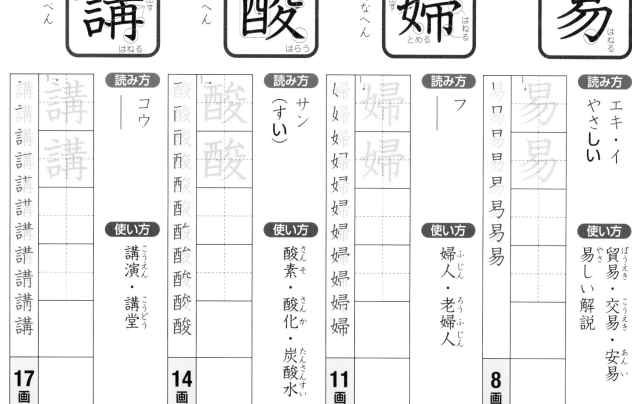

はねる

読み方　エキ・イ　やさしい

使い方　貿易《ぼうえき》・交易《こうえき》・安易《あんい》　易《やさ》しい解説

8画

83ページ

婦

婦　おんなへん

つき出さない　少し出す　はねる　とめる

読み方　フ　―

使い方　婦人《ふじん》・老婦人《ろうふじん》

11画

83ページ

酸

酸　とりへん

×西　とめる　はらう

読み方　サン　（すい）

使い方　酸素《さんそ》・酸化《さんか》・炭酸水《たんさんすい》

14画

83ページ

講

講　ごんべん

あける　つき出す　はねる

読み方　コウ　―

使い方　講演《こうえん》・講堂《こうどう》

17画

ものしりメモ　「易しい」は、「わかりやすい・たやすい」という意味だよ。「思いやりがある」という意味での「やさしい」ではないので、使い方に気をつけよう。

練習のワーク

生活をよりよくする提案
言葉の広場⑥　和語・漢語・外来語

教科書 ㊦76～85ページ
答え 6ページ

勉強した日　月　日

1 新しい漢字を読みましょう。

① 76ページ （　）不衛生な使い方。

② （　）過ごしやすい学校。

③ （　）簡潔《かん》に示す。

④ 82ページ 市の（　）環境《かん》センター。

⑤ 川を（　）調査する。

⑥ 太平洋を（　）航海する。

⑦ 車が（　）停止する。

⑧ （　）貿易で栄えた町。

⑨ （　）婦人向けの本。

⑩ 山の上は（　）酸素《そ》がうすい。

⑪ （　）講演の案内が来る。

✿⑫ ここからはってん 電車が駅を（　）通過する。

✿⑬ 生死の（　）境目。

✿⑭ （　）安易な考え。

✿⑮ この問題は（　）易しい。

2 新しい漢字を書きましょう。〔　〕は、送りがなも書きましょう。

① 76ページ □□□《ふえいせい》な部屋。

② 休日を家で〔　〕《すごす》。

③ 簡□《けつ》な説明を求める。

✿の漢字は新出漢字の別の読み方です。

④ 82ページ 環□《きょう》にやさしい仕組み。

⑤ 土地を□□《ちょうさ》する。

⑥ ヨットで世界を□□《こうかい》する。

⑦ 赤信号で□□《ていし》する。

⑧ □□《ぼうえき》がさかんな国。

⑨ □□《ふじん》用の衣料品。

⑩ 空気中の□《さん》素。

⑪ 小説家の□□《こうえん》を聞く。

ここからはってん

✿⑫ 快速電車が□□《つうか》する。

✿⑬ □□《あんい》な道を選ぶ。

3 漢字で書きましょう。（〰は、送りがなも書きましょう。太字は、この回で習った漢字を使った言葉です。）

① **ふえいせい**なかん**きょう**をかえる。

②かん**けつ**でりかいしやすい**こうえん**。

③ **ちょうさ**せんが**こうかい**にでる。

④ぼうえきのためのかもつを**はこぶ**。

⑤ **ふじん**ふくをうる　みせではたらく。

⑥せいぶつに**さん**そはかかせない。

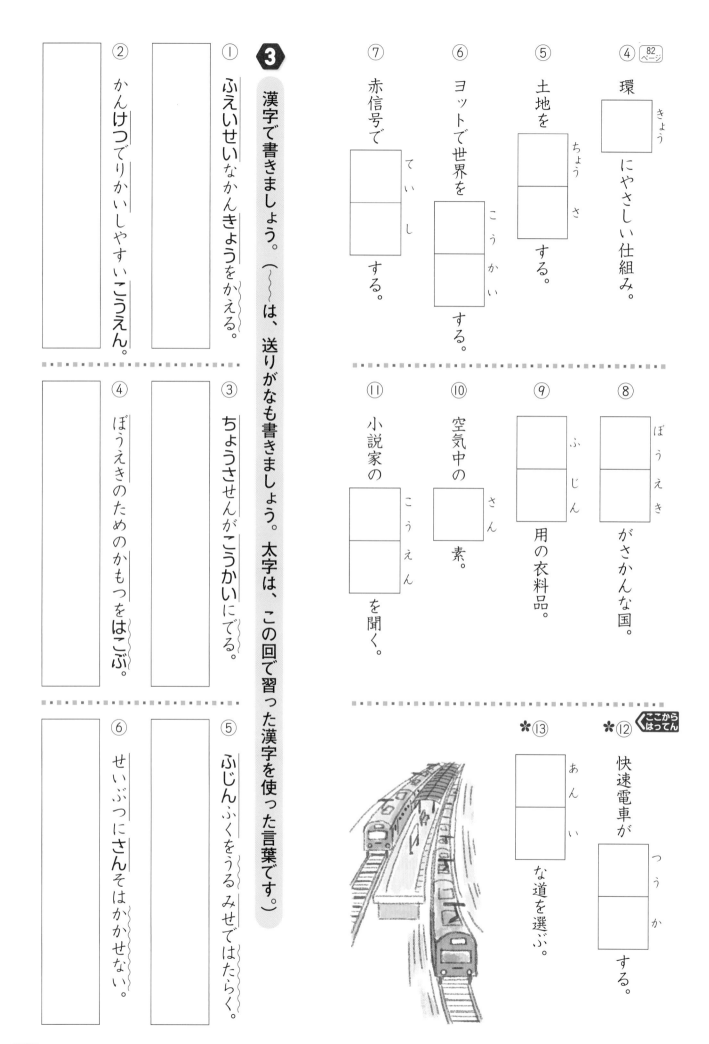

基本のワーク

漢字の広場⑤ 同じ音《おん》の漢字
四年生で学んだ漢字⑤

教科書 下86〜88ページ

勉強した日　月　日

◆「読み方」の赤い字は教科書で使われている読みです。●はまちがえやすい漢字です。

86ページ

再（どうがまえ／けいがまえ）

つき出す　とめる　はねる

読み方：サイ・サ／ふたたび

使い方：再会《さいかい》・再生《さいせい》・再来年《さらいねん》／再《ふたた》びおとずれる

6画

漢字の意味。
「再」には、「二回」「もう一度」などの意味があるよ。
再来年…（年が二回めぐった）来年の次の年。
再来週…（週が二回めぐった）来週の次の週。

86ページ

旧（ひ）

とめる

読み方：キュウ

使い方：旧友《きゅうゆう》・旧式《きゅうしき》・新旧《しんきゅう》

5画

86ページ

績（いとへん）

一番長く　はらう　とめる

読み方：セキ

使い方：成績《せいせき》・功績《こうせき》

17画

同じ読み方で形の似ている漢字。

績（セキ）　糸をつむぐ。なしとげる。
例 ぼう績・実績・業績

積（セキ）　つむ・つみ重ねる。広さ・大きさ。
例 積雪・面積・体積

86ページ

均（つちへん）

はねる

読み方：キン

使い方：平均点《へいきんてん》・均等《きんとう》

7画

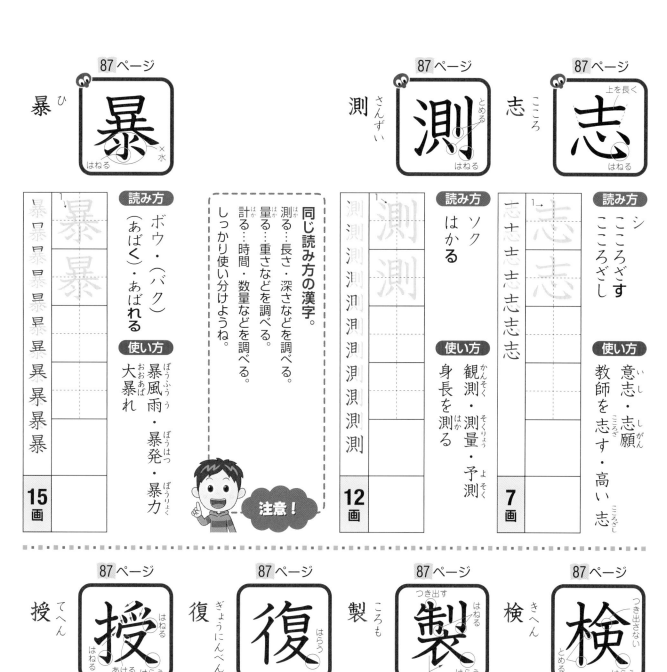

87ページ

志

志 こころ

上を長く　はねる

読み方

シ

こころざ**す**

こころざし

使い方

意志《いし》・志願《しがん》

教師を志《こころざ》す・高い志《こころざし》

7画

87ページ

測

測 さんずい

とめる　はねる

読み方

ソク

はか**る**

使い方

観測《かんそく》・測量《そくりょう》・予測《よそく》

身長を測《はか》る

12画

同じ読み方の漢字。

測《はか》る…長さ・深さなどを調べる。

量《はか》る…重さなどを調べる。

計《はか》る…時間・数量などを調べる。

しっかり使い分けようね。

注意！

87ページ

暴

暴 ひ

×水　はねる

読み方

ボウ・（バク）

（あばく）・あば**れる**

使い方

暴風雨《ぼうふうう》・暴発《ぼうはつ》・暴力《ぼうりょく》

大暴《おおあば》れ

15画

87ページ

検

検 きへん

つき出さない　とめる　はらう

読み方

ケン

―

使い方

検査《けんさ》・点検《てんけん》

12画

87ページ

製

製 ころも

つき出す　はねる　はらう

読み方

セイ

―

使い方

新製品《しんせいひん》・製作《せいさく》

14画

87ページ

復

復 ぎょうにんべん

はらう

読み方

フク

―

使い方

復習《ふくしゅう》・往復《おうふく》

12画

87ページ

授

授 てへん

はねる　はねる　あける　はらう

読み方

ジュ

（さず**ける**）

（さず**かる**）

使い方

授業《じゅぎょう》・授賞《じゅしょう》・伝授《でんじゅ》

11画

ものしりメモ

「検《ケン》」（調べる）と「険《ケン》」（あぶない・けわしい）、「復《フク》」（元にもどる・くり返す）と「複《フク》」（重ねる・二つ以上）も、同じ読み方で形の似ている漢字だよ。

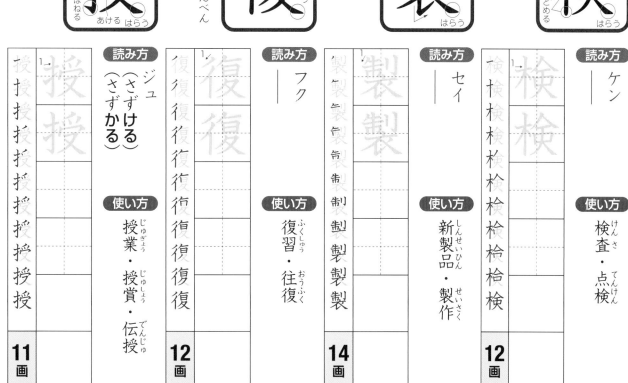

練習のワーク

漢字の広場⑤　同じ音《おん》の漢字
四年生で学んだ漢字⑤

教科書　㊦86～88ページ
答え　6ページ

勉強した日　月　日

1 新しい漢字を読みましょう。

①（86ページ）友人との再会（　　）を果たす。

② 旧友（　　）との交流。

③ 成績（　　）が上がる。

④ クラスの平均点（　　）。

⑤ 確かな意志（　　）をもつ。

⑥ 雨の量を観測（　　）する。

⑦ 暴風雨（　　）に気をつける。

⑧ 湖の水質を検査（　　）する。

⑨ 新製品（　　）を発表する。

⑩ 毎日の復習（　　）が大切だ。

⑪ 授業（　　）を静かに受ける。

ここからはってん

✿⑫ 再来年（　　）のカレンダー。

✿⑬ 元の場所に再（　　）びもどる。

✿⑭ 医者を志（　　）す。

✿⑮ 志（　　）の高い人物。

✿⑯ プールの水深を測（　　）る。

✿⑰ 犬が暴（　　）れる。

2 新しい漢字を書きましょう。

✿の漢字は新出漢字の別の読み方です。

① 86ページ 知人と□□《さいかい》する。

② □□《きゅうゆう》がなつかしい。

③ よい□□《せいせき》をおさめる。

④ □□□《へいきんてん》を出す。

⑤ 自分の□□《いし》をつらぬく。

⑥ 星の動きを□□《かんそく》する。

⑦ □□□《ぼうふうう》にあう。

⑧ □□《けんさ》結果を報告《こく》する。

⑨ □□□《しんせいひん》を買う。

⑩ 漢字の□□《ふくしゅう》。

⑪ よその□□《じゅぎょう》を見学する。

ここからはってん

✿⑫ □□□《さらいねん》の予定。

✿⑬ □《ふた》び旅を始める。

✿⑭ 教師を□《こころざ》す。

✿⑮ 身長を□《はか》る。

✿⑯ 牛が□《あば》れる。

3 漢字で書きましょう。（〰は、送りがなも書きましょう。太字は、この回で習った漢字を使った言葉です。）

① **きゅうゆう**との**さいかい**をよろこぶ。

□

② **へいきんてん**をうわまわる**せいせき**。

□

③ つよい**いし**でゆめをかなえる。

□

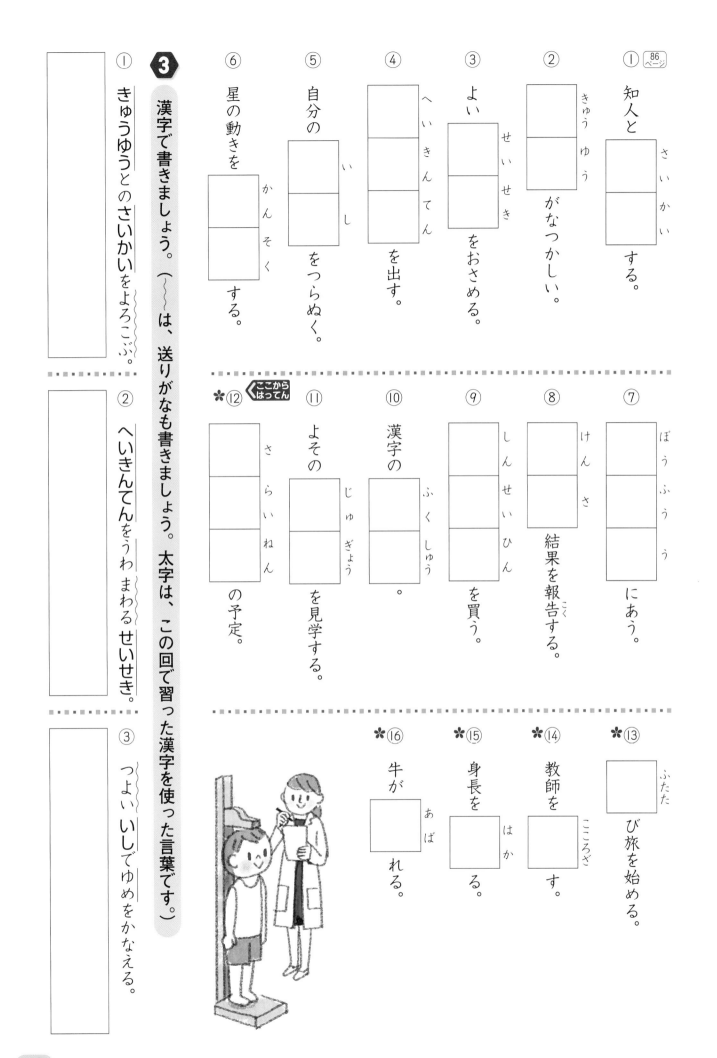

④ ぼうえんきょうでかんそくする。

（　）

⑤ ぼうふううのさいはいえにいる。

（　）

⑥ しんせいひんがけんさをとおる。

（　）

⑦ れきしのないようをふくしゅうする。

（　）

⑧ じゅぎょうについてしつもんする。

（　）

4 四年生で学んだ漢字

四年生で習った漢字を書きましょう。〔　〕は、送りがなも書きましょう。

① 誕《たん》生日を〔　〕《いわう》。

② くすくすと〔　〕《わらう》。

③ 母が（　）《しゅっさん》する。

④ 赤ちゃんが〔　〕《なく》。

⑤ （　）《おっと》にたのむ。

⑥ （　）《けんこう》に気をつける。

⑦ 〔　〕《おり》紙をおる。

⑧ ほねを（　）《こてい》する。

⑨ 足に（　）《ほうたい》をまく。

⑩ うでの（　）《かんせつ》をいためる。

⑪ （　）《はくい》を着た医師。

⑫ （　）《ふくいんちょう》のしん察。

⑬ □□《なふだ》を見る。

⑭ □□《けっか》を知らせる。

⑮ □□《れいせい》に話を聞く。

⑯ 経過は□□《りょうこう》だ。

⑰ かぜが（　　）《なおる》。

⑱ 日にちを（　　）《あらためる》。

⑲ □□《けっかん》にはりをさす。

⑳ 高い□《ねつ》が出る。

㉑ □《まご》が手伝う。

㉒ □□《べんり》な道具。

㉓ おだやかな□□《ろうじん》。

㉔ みんなで□□《きょうりょく》し合う。

㉕ （　　）《はじめて》の経験。

㉖ □□□《うけつけひょう》をもらう。

㉗ 書類に□□《しめい》を書く。

㉘ 入国（　　）《てつづき》をする。

㉙ 本を（　　）《かりる》。

㉚ □□《かっこく》の代表チーム。

㉛ □□《だいじん》が集まる。

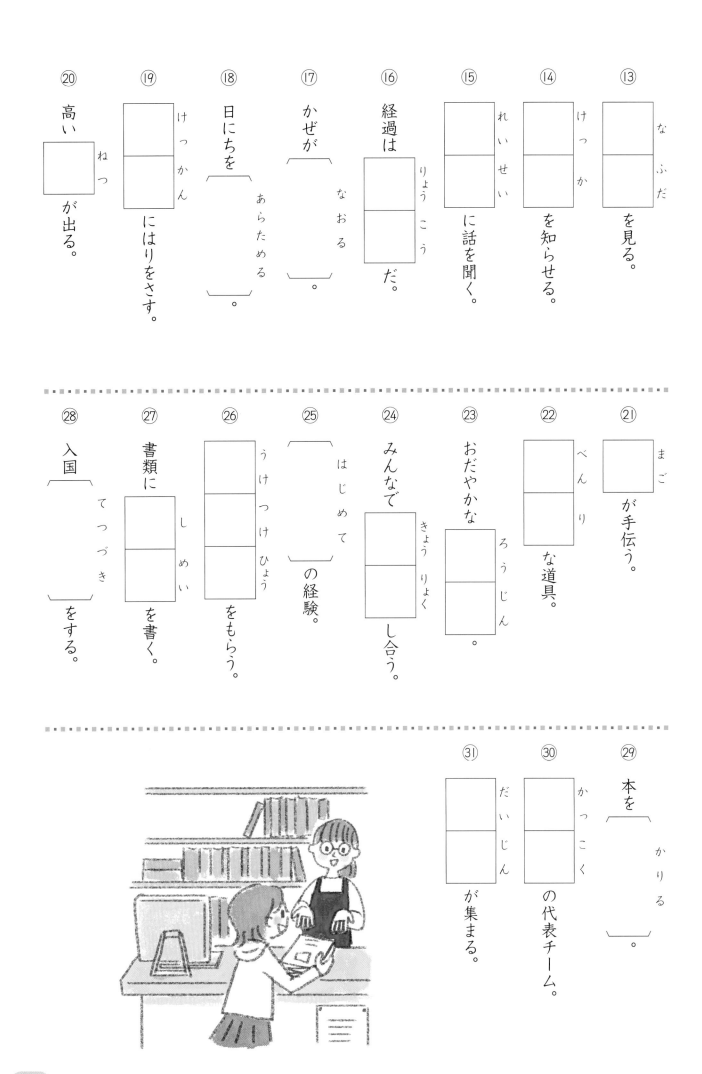

基本のワーク

まんがの方法 ひみつを調べて発表しよう

◆「読み方」の赤い字は教科書で使われている読みです。 はまちがえやすい漢字です。

教科書 下90〜109ページ

勉強した日　月　日

まんがの方法

90ページ

刊　りっとう

（つき出さない／下を長く／とめる／はねる）

読み方　カン

使い方　週刊《しゅうかん》・朝刊《ちょうかん》

5画

「刂」のつく漢字。

「刂」(りっとう)は、刀や切ることに関係のある漢字につくよ。

「刂」のつく漢字…列 別 刷 副 など。

92ページ

個　にんべん

（小さく）

読み方　コ

使い方　五個《ごこ》・個人《こじん》

10画

92ページ

破　いしへん

（小さく／はねる／はらう／あける）

読み方　ハ　やぶる・やぶれる

使い方　破格《はかく》・走破《そうは》　紙を破《やぶ》る・服が破《やぶ》れる

10画

同じ読み方の漢字。

破《やぶ》れる…紙や布などがさける。例 洋服が破れる。

敗《やぶ》れる…試合などの勝負に負ける。例 決勝戦で敗れる。

94ページ

素　いと

（一番長く／とめる）

読み方　ソ・(ス)

使い方　要素《ようそ》・素質《そしつ》　二酸化炭素《にさんかたんそ》

10画

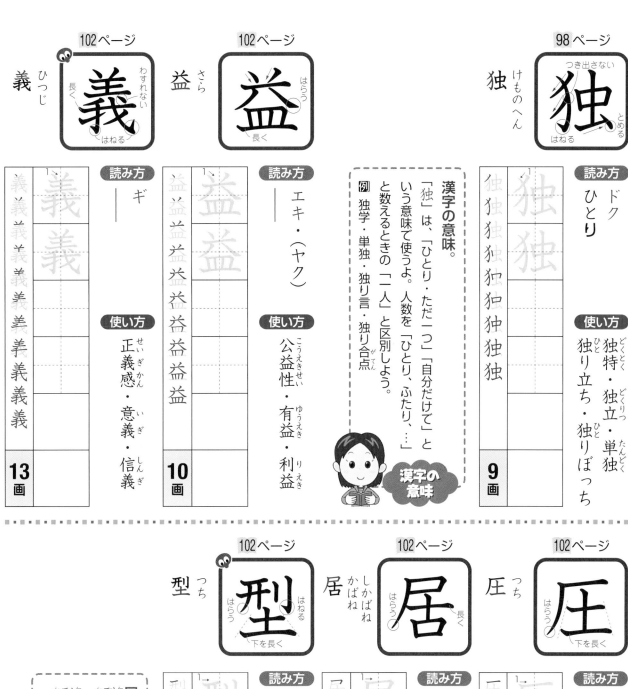

98ページ

独 けものへん

独（つき出さない・はねる・とめる）

読み方
ドク
ひとり

使い方
独特《どくとく》・独立《どくりつ》・単独《たんどく》
独《ひと》り立ち・独《ひと》りぼっち

9画

漢字の意味。
「独」は、「ひとり・ただ一つ」「自分だけで」という意味で使うよ。人数を「ひとり、ふたり、…」と数えるときの「一人」と区別しよう。
例 独学・単独・独り言・独り合点《がてん》

漢字の意味

102ページ

益 さら

益（はらう・長く）

読み方
エキ・（ヤク）
—

使い方
公益性《こうえきせい》・有益《ゆうえき》・利益《りえき》

10画

102ページ

義 ひつじ

義（わすれない・長く・はねる）

読み方
ギ
—

使い方
正義感《せいぎかん》・意義《いぎ》・信義《しんぎ》

13画

102ページ

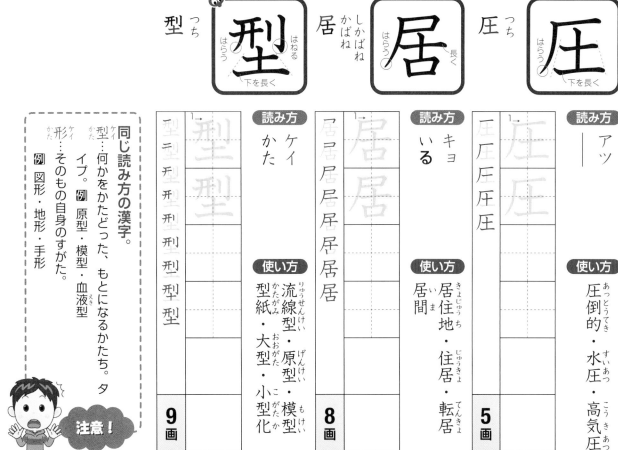

圧 つち

圧（はらう・下を長く）

読み方
アツ
—

使い方
圧倒的《あっとうてき》・水圧《すいあつ》・高気圧《こうきあつ》

5画

102ページ

居 しかばね かばね

居（はらう・長く）

読み方
キョ
いる

使い方
居住地《きょじゅうち》・住居《じゅうきょ》・転居《てんきょ》
居間《いま》

8画

102ページ

型 つち

型（はらう・はねる・下を長く）

読み方
ケイ
かた

使い方
流線型《りゅうせんけい》・原型《げんけい》・模型《もけい》
型紙《かたがみ》・大型《おおがた》・小型化《こがたか》

9画

同じ読み方の漢字。
型《ケイ かた》…何かをかたどった、もとになるかたち。タイプ。例 原型・模型・血液型《えき》
形《ケイ かた》…そのもの自身のすがた。
例 図形・地形・手形

注意！

ものしりメモ
「益」は皿から水があふれ出る様子からできた漢字だよ。だから「ふえる」「もうける」などの意味があるんだね。ほかにも「役に立つ」という意味もあるよ。

液

102ページ

液 さんずい

液（立てる・はらう）

読み方
エキ
―

使い方
液状化《えきじょうか》・液体《えきたい》・血液《けつえき》

11画

禁

102ページ

禁 しめす

禁（とめる・はらう・下を長く・はねる）

読み方
キン
―

使い方
禁止事項《きんしじこう》・解禁《かいきん》

13画

漢字のでき方

禁

林…神が住む、木のおいしげった所。
示…神をまつるときに使うつくえ。
神をまつる神聖《せい》な場所で、立ち入れないことから「禁止」の意味になったよ。

ひみつを調べて発表しよう

賛

105ページ

賛 かい

賛（とめる・はらう・とめる）

読み方
サン
―

使い方
賛成《さんせい》・賛同《さんどう》・賞賛《しょうさん》

15画

絶

105ページ

絶 いとへん

絶（はねる・はらう・とめる）

読み方
ゼツ
たえる・**たやす**
たつ

使い方
絶滅《ぜつめつ》・絶好《ぜっこう》・絶対《ぜったい》
手紙が絶《た》える

12画

告

109ページ

告 くち

告（下を長く）

読み方
コク
つげる

使い方
報告《ほうこく》・広告《こうこく》
時を告《つ》げる

7画

総

109ページ

総 いとへん

総（はらう・とめる・とめる・はねる）

読み方
ソウ
―

使い方
総合的《そうごうてき》・総記《そうき》
総理大臣《そうりだいじん》

14画

新しい読み方を覚える漢字

102ページ

一《イッ》

統一性《とういっせい》

ものしりメモ
「液体」（水や油など）、「固体」（木や石など）、「気体」（ガスや空気など）のように、仲間の言葉をいっしょに覚えておこう。これらはいずれも、「物質の状態」を表す言葉だよ。

四 筆者の説明について自分の考えをもとう

練習のワーク
まんがの方法 ひみつを調べて発表しよう

教科書 ㊦90〜109ページ
答え 7ページ

勉強した日 月 日

1 新しい漢字を読みましょう。

① 90ページ 週刊（　）のまんが雑誌《し》。
② 五個（　）のコマ。
③ わく線を破（　）る。
④ 絵がらのいくつかの要素（　）。
⑤ 独特（　）のおもしろさ。
⑥ 公益性（　）が高い。
⑦ 弟は正義感（　）が強い。

⑧ てきの強さは圧倒《とう》的（　）だ。
⑨ 居住地（　）を決める。
⑩ 流線型（　）の機体。
⑪ 統一性（　）が見られる。
⑫ 液状化（　）が起こる。
⑬ 禁止事項《こう》（　）がある。
⑭ 104ページ 友達の意見に賛成（　）する。

⑮ 絶滅《めつ》（　）したきょうりゅう。
⑯ 委員会活動の報告（　）。
⑰ 総合的（　）な学習の時間。
ここからはってん
✿⑱ マラソンを走破（　）する。
✿⑲ 卒業して独（　）り立ちする。
✿⑳ 居間（　）でくつろぐ。
✿㉑ 大型（　）の台風。

✿の漢字は新出漢字の別の読み方です。

✿㉒ 連らくが〔絶える〕。

✿㉓ 本の感想を〔告げる〕。

2 新しい漢字を書きましょう。〔　〕は、送りがなも書きましょう。

① 90ページ □□《しゅうかん》のスポーツ雑誌《し》。

② 十□《こ》入りのおかし。

③ 紙を〔　　〕《やぶる》。

④ 複数の□□《ようそ》を挙げる。

⑤ □□《どくとく》の口調でしゃべる。

⑥ □□□《こうえきせい》を考える。

⑦ □□□《せいぎかん》をもつ。

⑧ □《あっ》倒《とう》□《てき》に有利になる。

⑨ 外国人の□□□《きょじゅうち》。

⑩ □□□《りゅうせんけい》の船。

⑪ □□□《とういつせい》に欠ける。

⑫ 土地の□□□《えきじょうか》。

⑬ 公園の□□□《きんしじ》項《こう》。

⑭ 104ページ □□《さんせい》多数で決まる。

⑮ □《ぜつ》滅《めつ》のおそれがある生物。

⑯ □□《ほうこく》会に出席する。

⑰ □□□《そうごうてき》に考える。

✿⑱ ここからはってん 三十キロを□□《そうは》する。

✿⑲ 家を出て□《ひと》り立ちする。

✿⑳ 姉は□□《いま》にいる。

✿㉑ □□《おおがた》トラックの運転手。

✿㉒ 音信が□《た》える。

3 漢字で書きましょう。（〜〜は、送りがなも書きましょう。太字は、この回で習った漢字を使った言葉です。）

① **しゅうかん**のぶんげいしをかう。

② ひとはこご**こ**いりのまんじゅう。

③ そしきの**きんしじ**こうを**やぶる**。

④ しあいにかつための**ようそ**。

⑤ **どくとく**のあじとかおりのおちゃ。

⑥ けいかくに**こうえきせい**をもとめる。

⑦ いいんちょうは**せいぎかん**がつよい。

⑧ あっとうてきなちからのさがある。

⑨ **りゅうせんけい**にせっけいする。

⑩ じしんによる**えきじょうか**をふせぐ。

⑪ あいてのていあんに**さんせい**する。

⑫ **そうごうてき**にはんだんする。

基本のワーク

漢字の広場⑥ 送りがなのきまり
四年生で学んだ漢字⑥

教科書 下 110～112ページ

勉強した日　月　日

◆「読み方」の赤い字は教科書で使われている読みです。●はまちがえやすい漢字です。

桜

111ページ

桜　きへん

少し出す　とめる　とめる

読み方
（オウ）
さくら

使い方
桜《さくら》の花・桜《さくら》がさく

10画

漢字の形に注意。
桜　「⺍」を「⺌」としないようにしよう。

仏

111ページ

仏　にんべん

とめる

読み方
ブツ
ほとけ

使い方
仏像《ぶつぞう》・大仏《だいぶつ》・念仏《ねんぶつ》
仏《ほとけ》の教え・仏様《ほとけさま》

4画

妻

111ページ

妻　おんな

少し出す　長く　とめる

読み方
サイ
つま

使い方
妻子《さいし》・夫妻《ふさい》
わたしの妻《つま》

8画

舎

111ページ

舎　した

はらう　下を長く

読み方
シャ
―

使い方
校舎《こうしゃ》・宿舎《しゅくしゃ》

8画

漢字の意味。
「舎」には、「やど」「いえ」という意味があるよ。
官舎…公務員《む》用の住宅《たく》。
牛舎…家ちくの牛を飼う場所。

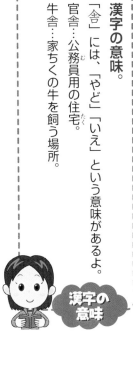

111ページ

鉱

鉱　かねへん

鉱（とめる・立てる・とめる・はらう）

13画

読み方

コウ

使い方

鉱山《こうざん》・鉄鉱石《てっこうせき》

111ページ

銅

銅　かねへん

銅（とめる・とめる・はねる）

14画

読み方

ドウ

使い方

銅《どう》のなべ・銅《どう》メダル

「釒」のつく漢字。

「釒」(かねへん)は、お金や金属に関係のある漢字につくよ。

「釒」のつく漢字…鉄　銀　など。

111ページ

脈

脈　にくづき

脈（はらう・はねる・とめる）

10画

読み方

ミャク

使い方

脈《みゃく》をとる・山脈《さんみゃく》

脈《みゃく》はく

111ページ

輸

輸　くるまへん

輸（はらう・とめる・はねる）

16画

読み方

ユ

使い方

輸入業《ゆにゅうぎょう》・輸血《ゆけつ》・輸出《ゆしゅつ》

111ページ

則

則　りっとう

則（とめる・はねる）

9画

読み方

ソク

使い方

規則《きそく》・原則《げんそく》・法則《ほうそく》

同じ読み方で形の似ている漢字。

則(ソク)…きまり。　例 規則

側(ソク)…そば・横の面。　例 側面

測(ソク)…はかる。　例 測定

111ページ

肥

肥　にくづき

肥（はねる・はねる）

8画

読み方

ヒ

こえる・こえ

こやす・**こやし**

使い方

肥料《ひりょう》・土が肥《こ》える

肥《こえ》を作る・畑の肥《こ》やし

ものしりメモ
「肥」の部首は「月」(にくづき)で、体に関係する漢字につくことが多いよ。同じ形で別に、空の月や時間に関係する「月・月」(つき・つきへん)があることも覚えておこう。

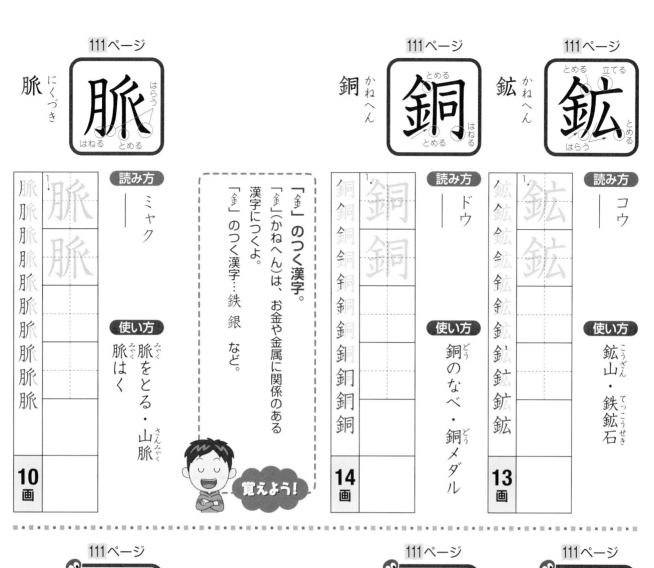

練習のワーク

漢字の広場⑥ 送りがなのきまり
四年生で学んだ漢字⑥

教科書 下 110～112ページ
答え 7ページ

勉強した日 月 日

1 新しい漢字を読みましょう。

① 110ページ 川ぞいの（　　）桜がさく。

② （　　）仏の像をほる。

③ （　　）妻と子がいる。

④ （　　）校舎に雪が積もる。

⑤ （　　）鉱山で働く。

⑥ （　　）銅が採れる山。

⑦ 手首で（　　）脈を測る。

⑧ （　　）輸入業を営む会社。

⑨ （　　）規則を守る。

⑩ （　　）肥料の成分を確かめる。

ここからはってん

✿⑪ （　　）大仏をまつる寺。

✿⑫ おじ（　　）夫妻の家にとまる。

✿⑬ 土地が（　　）肥える。

✿⑭ 畑に（　　）肥をまく。

✿⑮ 目の（　　）肥やしになる。

2 新しい漢字を書きましょう。

① 110ページ 美しい□《さくら》のなみ木道。

② □《ほとけ》の顔も三度。

③ おっとの代わりに□《つま》が出る。

✿の漢字は新出漢字の別の読み方です。

④ 古い□□《こうしゃ》をこわす。

⑤ 金の□□《こうざん》を発見する。

⑥ □《どう》でできた像。

⑦ 運動後は□《みゃく》が速い。

⑧ □□□《ゆにゅうぎょう》を始める。

⑨ 新しい□□《きそく》を定める。

⑩ 植物に□□《ひりょう》をやる。

ここから はってん

✿⑪ となりの□□《ふさい》に会う。

3 四年生で学んだ漢字

四年生で習った漢字を書きましょう。〔　〕は、送りがなも書きましょう。

① 今後の□□《かだい》を考える。

② 答えを〔　　〕《もとめる》。

③ □□《じゅうよう》なこと。

④ □□《れいだい》に取り組む。

⑤ 一□《おく》人の人口。

⑥ 国の予算は百□《ちょう》円以上だ。

⑦ 円の□□《ちょっけい》を測る。

⑧ お金の□□《たんい》。

⑨ 十□□《みまん》の数。

⑩ □□《きょしゅ》して答える。

⑪ □□《めいあん》が思いうかぶ。

⑫ 学校を□□《けっせき》する。

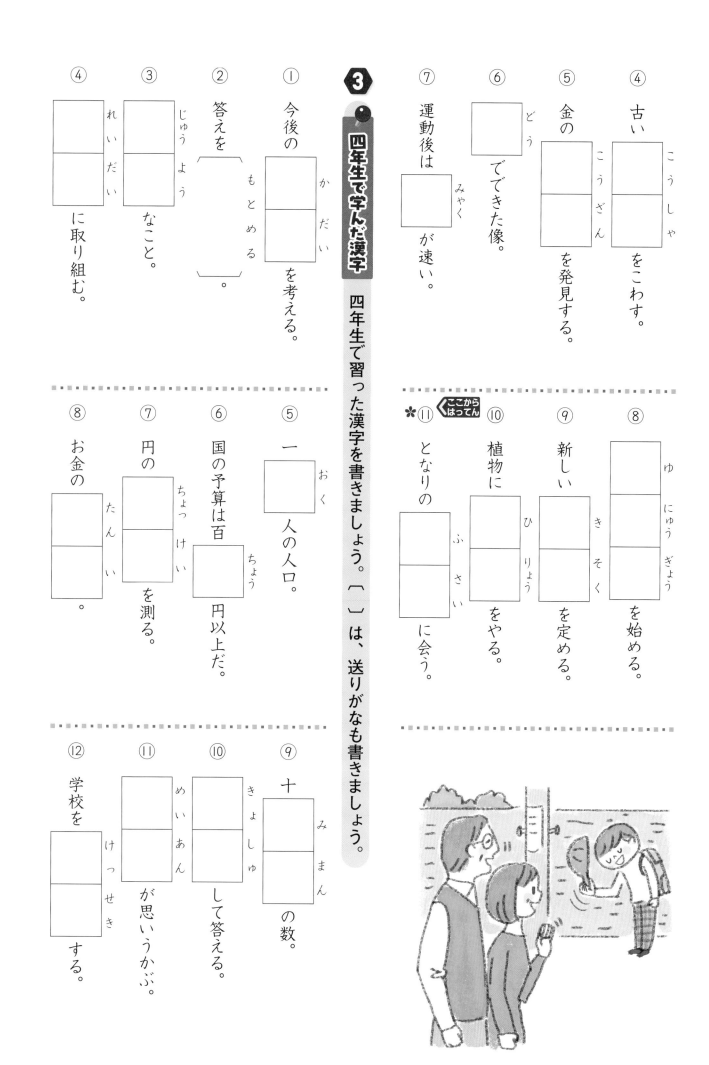

⑬ □□□《ていがくねん》の弟。

⑭ □□□□《みぎがわつうこう》。

⑮ □□《きゅうしょく》の時間。

⑯ □□《えいご》で歌を歌う。

⑰ 絵の□□《じょうたつ》が早い。

⑱ みんなで□□《がっしょう》する。

⑲ □□《どりょく》が実を結ぶ。

⑳ 小学校の□□《じどう》。

㉑ □□《しけん》にいどむ。

㉒ 今年□□《そつぎょう》する。

㉓ □□《もくひょう》に向けてがんばる。

㉔ □□《きぼう》を語り合う。

㉕ ともだちに□□《きょうかん》を示す。

㉖ □《なか》よしの子と遊ぶ。

㉗ □□《やくそく》をかわす。

㉘ 風景が〔　　〕《かわる》。

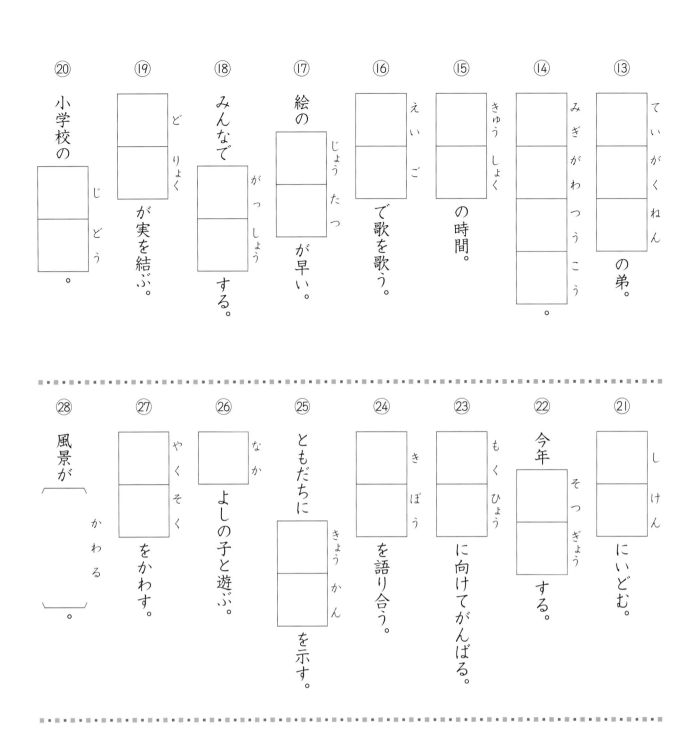

基本のワーク

みすゞ(ず)さがしの旅 ——みんなちがって、みんないい

教科書 下 114～133ページ

勉強した日　月　日

みすゞさがしの旅 ——みんなちがって、みんないい

◆「読み方」の赤い字は教科書で使われている読みです。はまちがえやすい漢字です。

117ページ

版 かたへん

（つき出す・はらう・はらう・とめる）

読み方：ハン

使い方：出版《しゅっぱん》・版画《はんが》

8画

117ページ

留 た

（つき出さない・はねる）

読み方：リュウ・ル　とめる・とまる

使い方：留学《りゅうがく》・留守番《るすばん》　ボタンを留《と》める

10画

同じ読み方の漢字。
留《と》める…ある場所に落ち着かせる。
例 かみの毛をピンで留める。
止《と》める…動きをやめさせる。
例 車のエンジンを止める。

118ページ

墓 つち

（少し出す・はらう・長く）

読み方：ボ　はか

使い方：墓地《ぼち》・墓標《ぼひょう》　一族の墓《はか》・墓参《はかまい》り

13画

部首に注意。
墓　部首は「土」（つち）だよ。「艹」（くさかんむり）ではないよ。

121ページ

幹 かん　いちじゅう

（つき出さない・下を長く）

読み方：カン　みき

使い方：新幹線《しんかんせん》・幹部《かんぶ》・根幹《こんかん》　太い幹《みき》

13画

122ページ

団

はねる

団 くにがまえ

読み方

ダン・(トン)

―

使い方

劇団《げきだん》・団結《だんけつ》・団体《だんたい》

6画

団 団 団 団 団 団

漢字の意味。

「団」は、「まわりを丸く囲むこと」を表す漢字。「丸いかたまり」や、「人や物の集まり」という意味で使われるよ。

例 団子・団体

122ページ

務

わすれない はねる はらう はねる

務 ちから

読み方

ム

つとめる・つとまる

使い方

事務《じむ》・業務《ぎょうむ》・任務《にんむ》

司会を務《つと》める

11画

務 務 務 務 務 務 務 務 務 務 務

同じ読み方の漢字。

務《つと》める…自分の役目を果たす。 例 会長を務める。相手を務める。

努《つと》める…力をつくす。努力する。 例 解決に努める。

125ページ

祖

あける とめる つき出す

祖 しめすへん

読み方

ソ

―

使い方

祖母《そぼ》・祖先《そせん》

9画

祖 祖 祖 祖 祖 祖 祖 祖 祖

「ネ」のつく漢字。

「ネ」(しめすへん)は、神や祭りに関係のある漢字につくよ。「衤」(ころもへん)とまちがえないようにしよう。

「ネ」のつく漢字…神 社 など。

128ページ

在

少し出す 下を長く

在 つち

読み方

ザイ

ある

使い方

存在《そんざい》・所在地《しょざいち》

町内に在《あ》る学校

6画

在 在 在 在 在 在

「在」を使った言葉。

現在…「過去と未来の間」「今」という意味。

時間に関係する言葉、「現在」「過去」「未来」をまとめて覚えておこう。

132ページ

費

はねる　はらう　とめる

費　かい

読み方
ヒ
つい(やす)
つい(える)

使い方
費用《ひよう》・消費《しょうひ》・食費《しょくひ》

12画

筆順に注意。
費
「費」の上の部分は「　」の筆順で、五画で書くことに気をつけよう。総画数は十二画だよ。

132ページ

余

はらう　下を長く　とめる　はねる

余　ひとやね

読み方
ヨ
あまる・あます

使い方
余分《よぶん》・余計《よけい》・余白《よはく》
お金が余《あま》る・もて余《あま》す

7画

漢字の形に注意。
余
「朩」を「示」としないようにしよう。

132ページ

招

つき出さない　はねる　はねる

招　てへん

読み方
ショウ
まねく

使い方
招待《しょうたい》・招集《しょうしゅう》
家へ招《まね》く

8画

漢字のでき方。
招
召…「口でよびよせる」ことを表す。
扌…「手」を表す。
「手まねきして、人をよびよせる」という意味を表すよ。

132ページ

格

はらう　とめる

格　きへん

読み方
カク・(コウ)
―

使い方
性格《せいかく》・合格《ごうかく》・体格《たいかく》

10画

新しい読み方を覚える漢字

132ページ
余《ヨ》
余分《よぶん》

132
招《ショウ》
招待《しょうたい》

132
絵《カイ》
絵画《かいが》

ものしりメモ
「性格」は、「人物や物事の特質」という意味だね。同じ読み方の「正確」は、「ただしくて、たしかであること」という意味。使い分けに気をつけよう。

練習のワーク

みすゞ《ず》さがしの旅　——みんなちがって、みんないい

教科書　下114～133ページ　答え　7ページ

勉強した日　月　日

1 新しい漢字を読みましょう。

① 114ページ　出版社（　　）につとめる。

② 詩を書き（　　）留めめる。

③ 墓（　　）に花をそなえる。

④ 新幹線（　　）に乗る。

⑤ 児童劇《げき》団（　　）をつくる。

⑥ 事務（　　）の人に聞く。

⑦ 祖母（　　）とくらす。

⑧ 地球に存《そん》在（　　）するもの。

⑨ 費用（　　）を計算する。

⑩ 料理に余（　　）りが出る。

⑪ 余分（　　）に用意する。

⑫ 友達を招（　　）く。

⑬ 家に招待（　　）する。

⑭ きちょうめんな性格（　　）。

ここからはってん

⑮ 絵画（　　）を集める。

✿⑯ 姉が留学（　　）する。

✿⑰ 墓地（　　）を歩く。

✿⑱ 木の幹（　　）に寄りかかる。

✿⑲ 代役を務（　　）める。

✿の漢字は新出漢字の別の読み方です。

2 新しい漢字を書きましょう。〔　〕は、送りがなも書きましょう。

① 114ページ 歴史ある□□□《しゅっぱんしゃ》。

② ボタンを〔　　〕《とめる》。

③ □《はか》をそうじする。

④ □□□《しんかんせん》で移動する。

⑤ 劇□《だん》に所属する。

⑥ □□《じむ》をとる。

⑦ □□《そぼ》に電話する。

⑧ 大事な存□《ざい》。

⑨ □□《ひよう》がかさむ。

⑩ 〔　　〕《あまり》の布。

⑪ □□《よぶん》なものをすてる。

⑫ 知人を〔　　〕《まねく》。

⑬ 発表会に□□《しょうたい》される。

⑭ 弟はのん気な□□《せいかく》だ。

⑮ □□《かいが》を見てまわる。

✿⑯ ここからはってん ロンドンに□□《りゅうがく》する。

✿⑰ □□《ぼち》のある山。

✿⑱ 太い□《みき》の木。

3 漢字で書きましょう。（〰〰は、送りがなも書きましょう。太字は、この回で習った漢字を使った言葉です。）

① **しゅっぱんしゃ**の**じむ**ではたらく。

② **しんかんせん**で**はか**まいりにいく。

③ **そぼ**をげき**だん**のこうえんに**まねく**。

5年 仕上げのテスト①

答え 7ページ

時間20分

得点 /100点

勉強した日 月 日

1 ―線の漢字の読み方を書きましょう。 一つ2（28点）

① 静かな環《かん》境（　）の中で過（　）ごす。

② 貿易（　）を一部停止（　）する。

③ 総合的（　）な問題の平均点（　）を出す。

④ 報告（　）を聞いて賛成（　）する。

⑤ 妻（　）といっしょに桜（　）を見に行く。

⑥ 鉱山（　）から多くの銅（　）が採くつされる。

⑦ 見直して余分（　）な費用（　）をけずる。

2 □に漢字を書きましょう。 一つ2（28点）

① 簡《かん》□《けつ》な文章。

② 客船で□□《こうかい》する。

③ □□《ふじん》服。

④ □□《さんそ》ボンベ。

⑤ □□《こうえん》を聞く。

⑥ 友との□□《さいかい》。

⑦ 雨量の□□《かんそく》。

⑧ □□《けんさ》結果。

⑨ □□□《こうえきせい》。

⑩ 大学の□□《こうしゃ》。

⑪ □□□《ゆにゅうぎょう》。

⑫ □□《ひりょう》をまく。

⑬ 会の□□《きそく》。

⑭ □□□《せいぎかん》がある。

3 ――線の言葉を、漢字と送りがなで書きましょう。 一つ3（9点）

① 土地がこえる。 □

② 鳥かごの中で鳥があばれる。 □

③ 約束をやぶる。 □

4 □に同じ音読みをする漢字を書きましょう。 一つ3（18点）

① コ
1 □人情報を保護する。
2 板でしっかり□定する。

② セキ
1 体□の大きい方を選ぶ。
2 すぐれた功□を残す。

③ セイ
1 木□のおもちゃで遊ぶ。
2 □服に着がえる。

5 熟《じゅく》語が三つずつできるように、■に共通してあてはまる漢字を□に書きましょう。 一つ2（8点）

① 解■・■止・■句 □

② ■力・■勝・気■ □

③ ■状・■体・血■ □

④ ■生・護■・■星 □

6 ――線の漢字の読み方のうち、ほかとはことなるものに〇をつけましょう。 一つ1（3点）

① ア（　）転居 イ（　）別居 ウ（　）長居 エ（　）住居

② ア（　）仏像 イ（　）仏様 ウ（　）念仏 エ（　）大仏

③ ア（　）停留 イ（　）留学 ウ（　）残留 エ（　）留守

7 次の漢字の赤字の部分は、何画めに書きますか。（　）に数字で書きましょう。また、総画数を□に数字で書きましょう。 一つ1（6点）

① 志（　）画め □

② 独（　）画め □

③ 型（　）画め □

5年 仕上げのテスト❷

答え 8ページ

時間 20分

得点 /100点

勉強した日 月 日

1 ――線の漢字の読み方を書きましょう。 一つ1（14点）

① 議題について適切（　　）な意見を述（　　）べる。

② 堂々（　　）としてりっぱな船を造（　　）る。

③ 図書の寄贈《ぞう》（　　）を断（　　）る。

④ 昔の人の墓（　　）を調査（　　）する。

⑤ 国語の授業（　　）で旧友（　　）のことを話す。

⑥ 絵画（　　）に新しい要素（　　）を取り入れる。

⑦ 劇《げき》団（　　）の事務（　　）で働く。

2 □は漢字を、〔　〕は漢字と送りがなを書きましょう。 一つ2（28点）

① □《こ》郷《きょう》を思う。

② □□《ぼうはん》対策《さく》。

③ □□《ほうふ》な種類。

④ 筆者の□□《しゅちょう》。

⑤ □□《せいせき》の発表。

⑥ □□□《ぼうふうう》。

⑦ □□《しゅうかん》の雑誌《し》。

⑧ 本の□□《しゅっぱん》。

⑨ ボタンを〔　　〕《とめる》。

⑩ □□□《しんかんせん》。

⑪ 存《そん》□《ざい》する。

⑫ 数が〔　　〕《あまる》。

⑬ 会に〔　　〕《まねく》。

⑭ □□《せいかく》がよい。

3 ——線の言葉を、漢字と送りがなで書きましょう。 一つ1（5点）

① 答えをたしかめる。
② 万が一にそなえる。
③ 観光客をひきいる。
④ 出口へみちびく。
⑤ 自分をせめる。

4 次の漢字の——線の読み方を書きましょう。 一つ1（6点）

① 混
1 混雑した道を通る。（　　）
2 二つの薬品を混ぜる。（　　）
3 昼食時は店が混む。（　　）

② 志
1 意志をつらぬく。（　　）
2 教師を志して学ぶ。（　　）
3 高い志をもつ。（　　）

5 次の送りがなのうち、正しいほうに〇をつけましょう。 一つ1（4点）

① ア（　）貧い　イ（　）貧しい
② ア（　）快い　イ（　）快よい
③ ア（　）耕す　イ（　）耕やす
④ ア（　）勢い　イ（　）勢おい

6 ——線の言葉を文に合うように漢字で書きましょう。 一つ2（12点）

① 1 よういな問題を解く。
　 2 旅行のよういをする。
② 1 交通きせいを行う。
　 2 正月に妻ときせいする。
③ 1 戦いにやぶれる。
　 2 書類の一部がやぶれる。

7 次の熟語《じゅく》と同じ構成の熟語を□から二つずつ選び、（　）に書きましょう。 一つ1（8点）

① 国立（　　）（　　）
② 仮題（　　）（　　）
③ 永久（　　）（　　）
④ 消毒（　　）（　　）

毛布	損失	単独	市営
日照	絶交	大仏	受賞

8 形の似ている漢字に気をつけて、□に漢字を書きましょう。 一つ1（10点）

①
1 □《ふく》雑な話。
2 □《ふく》習する。

②
1 正□《ぎ》の味方。
2 会□《ぎ》を開く。

③
1 原□《そく》を守る。
2 予□《そく》する。
3 箱の□《そく》面。

④
1 生命保□《けん》。
2 車の点□《けん》。
3 こわい体□《けん》。

9 次の熟語と反対の意味の言葉を□から選び、漢字に直して書きましょう。 一つ1（5点）

① 理想 ↔ □□
② 増加 ↔ □□
③ 集合 ↔ □□
④ 子孫 ↔ □□
⑤ 反対 ↔ □□

せいこう　そせん　げんしょう　さんせい　かいさん　げんじつ　ぶんかい

10 次の特別な読み方の言葉を、漢字を使って書きましょう。 一つ2（4点）

① □□《くだもの》を食べる。
② （　　）《まっか》な服。

11 次の漢字の赤字の部分は、何画めに書きますか。（　）に数字で書きましょう。また、総画数を□に数字で書きましょう。 一つ1（4点）

① 情（　）画め □
② 堂（　）画め □

教科書ワーク

答えとてびき

「答えとてびき」は、とりはずすことができます。

教育出版版

漢字 5 年

使い方

まちがえた問題は確《かく》実に書けるまで、くり返し書いて練習することが大切です。この本で、教科書に出てくる漢字の使い方を覚えて、漢字の力を身につけましょう。

● 教科書 小学国語五上 ひろがる言葉

いつか、大切なところ 新聞を読もう

5・6ページ 練習のワーク

❶
①じょうやとう ②えいえん ③な
④あらわ ⑤こ ⑥じょうたい ⑦まよ
⑧ひょうげん ⑨りきし ⑩かんしゃ
⑪じょうほう ⑫ないよう ⑬へんしゅう
⑭せいかく ⑮こうせい ⑯かこ
⑰かいせつ ⑱つね ⑲しゅうかん
⑳こんごう ㉑あ ㉒たし ㉓かま
㉔しゅうい

❷
①常夜灯 ②永遠 ③慣れる ④現れる
⑤混む ⑥状態 ⑦迷う ⑧表現 ⑨力士
⑩感謝 ⑪情報 ⑫内容 ⑬編集 ⑭正確
⑮構成 ⑯囲む ⑰解説 ⑱常 ⑲習慣
⑳混合

情報ノート 漢字の広場① 漢字学習ノート 四年生で学んだ漢字①

9～11ページ 練習のワーク

❶
①さいがい ②ぎじゅつ ③しりょう
④かいちょう ⑤こころよ ⑥まめちしき

❷
①災害 ②技術 ③資料 ④快調
⑤快い ⑥知識

❸
①災害の情報を知る。
②高度な技術を身につける。
③委員会の資料を集める。
④快調な走りで勝利する。
⑤高原にふく風が快い。
⑥知識のほう富な研究者。

❹
①旗 ②置く ③親類 ④点差 ⑤観客
⑥天候 ⑦特別 ⑧無人 ⑨敗北 ⑩対戦
⑪記録 ⑫司会者 ⑬伝える ⑭種目
⑮勇気 ⑯成功 ⑰号令 ⑱参加
⑲徒競走 ⑳失速 ㉑選手 ㉒必死
㉓以内 ㉔順位争い ㉕完走

言葉と事実 言葉の広場① 話し言葉と書き言葉

14・15ページ 練習のワーク

❶
①じっさい ②ぎゃくてん ③いんしょう
④か ⑤ひじょう ⑥そうぞう ⑦お
⑧しょうめい ⑨しょぞくさき ⑩くら
⑪しょくにん ⑫はんのう ⑬しつもん
⑭たいひ ⑮こた

❷
①実際 ②逆転 ③印象 ④価 ⑤非常
⑥想像 ⑦織り ⑧証明 ⑨所属先
⑩比べる ⑪職人 ⑫反応 ⑬質問

❸
①想像ではなく実際に見る。

②印象的な逆転試合。
③非常に価ちの高い絵。
④職人の手による織りの帯。
⑤無実を証明する。
⑥名札に所属先を書く。

すいせんしよう「町じまん」 案内やしょうかいのポスター 言葉の文化① 漢文に親しむ

18・19ページ 練習のワーク

1 ①でんとうてき ②へ ③の ④けいけん
⑤しめ ⑥じゅんじょ ⑦こ ⑧れきし
⑨せいしん ⑩げんしょう ⑪きじゅつ
⑫へ ⑬ひょうじ

2 ①伝統的 ②減る ③述べる ④経験
⑤示す ⑥順序 ⑦故 ⑧歴史 ⑨精神
⑩減少 ⑪記述 ⑫経 ⑬表示

3 ①伝統的な行事が減る。
②これまでの経験を述べる。
③感謝の気持ちを態度で示す。
④商店を順序よく回る。
⑤故きょうの歴史を調べる。
⑥精神と身体をきたえる。

言葉の広場② 敬語 漢字の広場② 複合語 四年生で学んだ漢字②

22～25ページ 練習のワーク

1 ①にん ②おおぜい ③か ④ゆる
⑤せきにん ⑥てきせつ ⑦にってい
⑧ふくごうご ⑨うつ ⑩あつ ⑪が
⑫まか ⑬まか ⑭いきお ⑮とっきょ
⑯せ ⑰いどう ⑱しいく

2 ①任 ②大勢 ③貸す ④許す ⑤責任
⑥適切 ⑦日程 ⑧複合語 ⑨移り
⑩厚い ⑪飼う ⑫任 ⑬任 ⑭勢
⑮特許 ⑯責 ⑰移動 ⑱飼育

3 ①たん任が日程を知らせる。
②大勢の観客に囲まれる。
③厚い本を同級生に貸す。
④動物を飼うことを許す。
⑤責任者に適切な人。
⑥四季が春から夏へと移る。

4 ①連休 ②週末 ③鏡 ④季節 ⑤昨夜
⑥兵隊 ⑦愛読書 ⑧辞典 ⑨音訓 ⑩輪
⑪目覚まし ⑫反省 ⑬北極星 ⑭願い
⑮信 ⑯浴室 ⑰残り ⑱飯 ⑲梅 ⑳菜
㉑焼く ㉒量る ㉓材料 ㉔塩 ㉕食器
㉖栄養 ㉗散る ㉘芽 ㉙軍手 ㉚巣
㉛観察 ㉜害虫 ㉝松

夏休み まとめのテスト①・②

26・27ページ まとめのテスト①

1 ①な・まよ ②かこ・じょうたい
③か・じょうほう
④ないよう・せいかく
⑤こうせい・かいせつ
⑥ぎゃくてん・しりょう
⑦しょぞくさき・しょうめい

2 ①常夜灯 ②永遠 ③混む ④表現
⑤力士 ⑥感謝 ⑦編集 ⑧災害 ⑨技術
⑩知識 ⑪実際 ⑫印象 ⑬非常 ⑭想像

3 ①1永 2長 ②1表 2現
③1混 2交

4 ①12(十二) ②15(十五)
③15(十五) ④12(十二)

5 ①1かい 2こころよ
②1と 2かい 3と

6 ①宀・うかんむり ②忄・りっしんべん
③心・こころ ④亻・にんべん
⑤⻌・しんにょう(しんにゅう)

てびき

3 同訓異《い》字をまちがえないように気をつけましょう。①1「永い」は時間が果てしなくいつまでも続くというときに使うのに対して、2「長い」はきょりや時間などがながいというときに使います。
②1「表す」は考えや気持ちなどを表に出すというときに、2「現す」はかくれていたものを見えるようにするというときに使います。両方の漢字を合わせると「表現」という熟《じゅく》語になります。③1「混ぜる」はいっしょにした後に区別がつかなくなる場合、2「交ぜる」はいっしょにした後も区別がつく場合に使います。

6 ②と③はいずれも「こころ」に関係のある部首です。⑤しんにょう(しんにゅう)は、三画で書きます。

28・29ページ まとめのテスト②

1 ①じっさい・ひじょう ②しょくにん・へ ③しつもん・はんのう ④でんとうてき・の ⑤おおぜい・か ⑥せきにん・ゆる ⑦てきせつ・にってい

2 ①逆転 ②織り ③所属先 ④比べる ⑤経験 ⑥示す ⑦順序 ⑧故 ⑨歴史 ⑩精神 ⑪複合語 ⑫移る ⑬厚い ⑭飼う

3 ①迷う ②慣れる ③構える ④快い ⑤逆らう

4 ①イ ②ア ③イ

5 ①1清 2精 ②1経 2径 ③1識 2織 ④1象 2像

6 ①編 ②現 ③混 ④故 ⑤証 ⑥技

てびき

3 ④「快い」の送りがなをまちがえないように気をつけましょう。「快」の音《おん》読みは「カイ」です。「快適」「ゆ快」などのように使い、ここちよい状態、転じてかろやかで速いという意味ももちます。
⑤「逆う」としないように注意しましょう。「逆」の音読みは「ギャク」です。「逆流」「逆行」などのように、本来の進む方向とは反対の方向に進むことを意味し、「逆らう」で「相手の言うことに反する」という意味になります。

4 ②ア「容量」はその入れ物の中に入れることができる分量、イ「用量」は薬などを使ったり飲んだりするときの決まった量、という意味で使います。

5 ③読み方はことなりますが、にた形の漢字に「職」があります。

大造じいさんとがん 言葉の文化② 鳥

33〜35ページ 練習のワーク

1 ①ひき ②とうりょう ③むちゅう ④よろこ ⑤けん ⑥しどう ⑦ほんのう ⑧けいりゃく ⑨ま・か ⑩みちび ⑪すく ⑫かべん ⑬どうどう ⑭ちょすいち ⑮ぞうきばやし ⑯さっぷうけい ⑰く ⑱とく ⑲はつゆめ ⑳きゅうじょ ㉑ざつおん

2 ①率いる ②頭領 ③夢中 ④喜ぶ ⑤険 ⑥指導 ⑦本能 ⑧計略 ⑨真っ赤 ⑩導く ⑪救う ⑫花弁 ⑬堂々(堂堂) ⑭貯水池 ⑮雑木林 ⑯殺風景 ⑰句 ⑱得 ⑲初夢 ⑳救助 ㉑雑音

3
①頭領が仲間を率いる。
②遊園地で夢中で遊ぶ。
③ひさしぶりの積雪を喜ぶ。
④き険から自分の身を守る。
⑤コーチの指導で上達する。
⑥野生の本能が目覚める。
⑦計略をめぐらせ成功する。
⑧海辺でけがをした鳥を救う。
⑨梅の花弁がまい落ちる。
⑩堂々(堂堂)として自信のある態度。
⑪貯水池で水不足にそなえる。

⑫近くの雑木林を散歩する。
⑬殺風景な庭に花を植える。
⑭有名なはい句を音読する。
⑮そんか得かで決めることはしない。

ミニディベート ――AIとのくらし

38ページ 練習のワーク

❶ ①ま ②じゅんび ③ゆうこう
④かのうせい ⑤ひょうか ⑥ぞうか

❷ ①増す ②準備 ③有効 ④可能性
⑤評価 ⑥増加

❸ ①登山に必要な準備をする。
②新たな可能性を求める。
③日ごろの努力を評価する。

漢字の広場③ 熟語の構成
四年生で学んだ漢字③
言葉の広場③ 方言と共通語

42〜45ページ 練習のワーク

❶ ①ぼうはん ②ふせ ③はんざい
④こくえい ⑤いとな ⑥じんぞう
⑦つく ⑧しゅう ⑨かだい ⑩かり
⑪こうぐ ⑫たがや ⑬めんぷ ⑭ぬの
⑮そんとく ⑯ほうふ ⑰ゆた
⑱えいきゅう ⑲ひさ ⑳しょうどく
㉑くだもの ㉒つみ ㉓おさ ㉔わた

❷ ①防犯 ②防ぐ ③犯罪 ④国営
⑤営む ⑥人造 ⑦造る ⑧修 ⑨仮題
⑩仮 ⑪耕具 ⑫耕す ⑬綿布 ⑭布
⑮損得 ⑯豊富 ⑰豊か ⑱永久
⑲久しい ⑳消毒 ㉑果物 ㉒罪 ㉓修
㉔綿

❸ ①消毒できずの悪化を防ぐ。
②安い綿布を売る店を営む。
③豊かな森を永久に残す。

❹ ①宮城 ②栃木 ③茨城 ④埼玉
⑤神奈川 ⑥静岡 ⑦山梨 ⑧郡 ⑨新潟
⑩群馬 ⑪富山 ⑫岐阜 ⑬福井 ⑭滋賀
⑮奈良 ⑯京都府 ⑰岡山 ⑱大阪府
⑲徳島 ⑳香川 ㉑愛媛 ㉒福岡 ㉓佐賀
㉔長崎 ㉕熊本 ㉖鹿児島 ㉗宮崎
㉘沖縄

● 教科書 小学国語五下 ひろがる言葉

世界遺産 白神山地からの提言 ――意見文を書こう

49・50ページ 練習のワーク

❶ ①ていげん ②ささ ③さい
④ほごうんどう ⑤かこう ⑥きほん
⑦きせい ⑧せつ ⑨かぎ ⑩じょうけん
⑪さいしょうげん ⑫もう ⑬ちょくせつ
⑭たも ⑮しゅちょう ⑯してん ⑰と
⑱かわ ⑲は

❷ ①提言 ②支える ③採 ④保護運動
⑤河口 ⑥基本 ⑦規制 ⑧設
⑨限る ⑩条件 ⑪最小限 ⑫設ける
⑬直接 ⑭保つ ⑮主張 ⑯支店 ⑰採
⑱張

❸ ①道路規制についての提言。
②森林の保護運動に加わる。
③児童会館などのし設に行く。

言葉の文化③ 「古典」を楽しむ
言葉の広場④ かなづかいで気をつけること

53・54ページ 練習のワーク

❶ ①ほうし ②えだ ③に ④えん ⑤まず
⑥きず ⑦せいじ ⑧ぜいきん
⑨しょうひん ⑩きょうみ ⑪びん
⑫けんちく ⑬こう

❷ ①法師 ②枝 ③似る ④演 ⑤貧しい
⑥築く ⑦政治 ⑧税金 ⑨賞品 ⑩興味
⑪貧 ⑫建築 ⑬興

❸ ①寺の法師が梅の枝を折る。
②楽観的な部分が親に似る。
③貧しい国に医薬品を送る。
④幸せな家庭を築く。

⑤国民が政治に参加する。
⑥商店街のくじの賞品。

漢字の広場④ 漢字の成り立ち 四年生で学んだ漢字④／雪わたり

58～61ページ 練習のワーク

1
①げんいん ②ぶし ③かわら ④がんか
⑤ざいさん ⑥きんがく ⑦きこうぶん
⑧も ⑨こな ⑩ことわ ⑪き
⑫ひょうばん ⑬うおうさおう ⑭むしゃ
⑮ひたい ⑯ねんりょう ⑰かふん
⑱こむぎこ ⑲ゆだん ⑳ちかよ
㉑はんてい

2
①原因 ②武士 ③河原（川原） ④眼科
⑤財産 ⑥金額 ⑦紀行文 ⑧燃える
⑨粉 ⑩断る ⑪寄 ⑫評判 ⑬右往左往
⑭武者 ⑮額 ⑯燃料 ⑰花粉 ⑱小麦粉
⑲油断 ⑳近寄 ㉑判定

3
①事故の原因を調べる。
②小説に武士が登場する。
③眼科の医師のしん察を受ける。
④大変な金額の財産。
⑤有名な作家の紀行文。
⑥燃える木材に右往左往する。
⑦小麦の粉でパンを焼く。
⑧保険の加入を断る。
⑨失敗して評判を落とす。

4
①照らす ②飛行機 ③着陸 ④最新式
⑤漁船 ⑥苦労 ⑦辺 ⑧浅い ⑨海底
⑩牧場 ⑪自然 ⑫清流 ⑬周り ⑭風景
⑮目的地 ⑯貨物列車 ⑰積み ⑱機械
⑲印刷所 ⑳倉庫 ㉑建物 ㉒察官 ㉓法
㉔働く ㉕博物館 ㉖説明 ㉗不思議
㉘街灯（外灯） ㉙記念品 ㉚民芸品

冬休み まとめのテスト①・②

62・63ページ まとめのテスト①

1
①しどう・ひき ②けいりゃく・むちゅう
③ま・か・すく ④ぞうきばやし・かべん
⑤じゅんび・ゆうこう ⑥しゅう・ゆた
⑦こうぐ・たがや

2
①頭領 ②喜ぶ ③険 ④貯水池
⑤殺風景 ⑥句 ⑦増す ⑧評価 ⑨犯罪
⑩国営 ⑪仮 ⑫綿布 ⑬損得 ⑭永久

3
①営む ②増える ③険しい ④久しい

4
①エ ②ア ③イ ④ウ

5
①未 ②非 ③不 ④無 ⑤不

6
①1可 2何 ②1能 2態
③1張 2帳 ④1毒 2毎

7
ア

64・65ページ まとめのテスト②

1
①かこう・ていげん ②かぎ・きせい
③えん・に ④まず・ぜいきん
⑤しょうひん・きょうみ ⑥ぶし・かわら
⑦きこうぶん・ざいさん

2
①基本 ②設 ③条件 ④主張 ⑤法師
⑥枝 ⑦築く ⑧政治 ⑨原因 ⑩眼科
⑪燃える ⑫粉 ⑬評判 ⑭右往左往

3
①保つ ②設ける ③支える ④断る

てびき

1 ④「雑」を「ぞう」と読むことに注意しましょう。「雑」は「雑音《ざつおん》」のように「ざつ」とも読みます。

2 ⑩「国営」は「国が営む」という、上の漢字が主語、下の漢字が述語という構成の熟語《じゅくご》です。⑬「損」と「得」は反対の意味で、「損得」は関係のある漢字をならべた熟語です。熟語の構成もいっしょに覚えましょう。

3 ①送りがなを「営なむ」とまちがえないように気をつけましょう。

5 下の言葉の意味を打ち消す漢字の使い分けを覚えましょう。

6 ④はどちらも下の部分は「母」です。「毋」としないように気をつけましょう。

4 ①エ ②ウ ③ア ④イ

5 ①採・さいしゅ ②接・せつぞく
③寄・きふ ④弁・べんご

6 ①**1**がく **2**ひたい
②**1**きょう **2**こう

7 ①9（九） ②9（九）

てびき

3 それぞれの音《おん》読みもいっしょに覚えましょう。①「保」の音読みは「ホ」で、「保温」「保全」など、今ある状態を「保つ」という意味です。②「設」は「セツ」と読み、「設置」「設定」などのように使い、いずれも場所や対話の場を「設ける」ことを意味します。③「支」の音読みは「シ」、④「断」の音読みは「ダン」です。

6 ②「興」は主に、「おもしろみ」という意味のときは「キョウ」、「さかんになる」という意味のときは「コウ」と読みます。「おもしろい」ことに「興味」をもち、気持ちがワクワクと「さかんになる」と「興奮《ふん》」すると覚えましょう。

7 それぞれ筆順もいっしょに覚えましょう。①「阝」（こざとへん）は、三画で書きます。②一画めと八画めの筆順に、特に気をつけましょう。

生活をよりよくする提案 言葉の広場⑥ 和語・漢語・外来語

68・69ページ 練習のワーク

1 ①ふえいせい ②す ③けつ ④きょう
⑤ちょうさ ⑥こうかい ⑦ていし
⑧ぼうえき ⑨ふじん ⑩さん
⑪こうえん ⑫つうか ⑬さかいめ
⑭あんい ⑮やさ

2 ①不衛生 ②過ごす ③潔 ④境
⑤調査 ⑥航海 ⑦停止 ⑧貿易
⑨婦人 ⑩酸 ⑪講演 ⑫通過 ⑬安易

3 ①不衛生なかん境を変える。
②かん潔で理解しやすい講演。
③調査船が航海に出る。
④貿易のための貨物を運ぶ。
⑤婦人服を売る店で働く。
⑥生物に酸そは欠かせない。

漢字の広場⑤ 同じ音の漢字 四年生で学んだ漢字⑤

72〜75ページ 練習のワーク

1 ①さいかい ②きゅうゆう ③せいせき
④へいきんてん ⑤いし ⑥かんそく
⑦ぼうふうう ⑧けんさ ⑨しんせいひん
⑩ふくしゅう ⑪じゅぎょう
⑫さらいねん ⑬ふたた ⑭こころざ
⑮こころざし ⑯はか ⑰あば

2 ①再会 ②旧友 ③成績 ④平均点
⑤意志 ⑥観測 ⑦暴風雨 ⑧検査
⑨新製品 ⑩復習 ⑪授業 ⑫再来年
⑬再 ⑭志 ⑮測 ⑯暴

3 ①旧友との再会を喜ぶ。
②平均点を上回る成績。
③強い意志で夢をかなえる。
④望遠鏡で観測する。
⑤暴風雨の際は家にいる。
⑥新製品が検査を通る。
⑦歴史の内容を復習する。
⑧授業について質問する。

4 ①祝う ②笑う ③出産 ④泣く ⑤夫
⑥健康 ⑦折り ⑧固定 ⑨包帯 ⑩関節
⑪白衣 ⑫副院長 ⑬名札 ⑭結果
⑮冷静 ⑯良好 ⑰治る ⑱改める
⑲血管 ⑳熱 ㉑孫 ㉒便利 ㉓老人
㉔協力 ㉕初めて ㉖受付票 ㉗氏名
㉘手続き ㉙借りる ㉚各国 ㉛大臣

まんがの方法 ひみつを調べて発表しよう

79〜81ページ 練習のワーク

❶
①しゅうかん ②こ ③やぶ ④ようそ
⑤どくとく ⑥こうえきせい
⑦せいぎかん ⑧あっ・てき
⑨きょじゅうち ⑩りゅうせんけい
⑪とういつせい ⑫えきじょうか
⑬きんしじ ⑭さんせい ⑮ぜつ
⑯ほうこく ⑰そうごうてき ⑱そうは
⑲ひと ⑳いま ㉑おおがた ㉒た ㉓つ

❷
①週刊 ②個 ③破る ④要素 ⑤独特
⑥公益性 ⑦正義感 ⑧圧・的 ⑨居住地
⑩流線型（流線形） ⑪統一性 ⑫液状化
⑬禁止事 ⑭賛成 ⑮絶 ⑯報告
⑰総合的 ⑱走破 ⑲独 ⑳居間 ㉑大型
㉒絶

❸
①週刊の文芸しを買う。
②一箱五個入りのまんじゅう。
③組織の禁止事こうを破る。
④試合に勝つための要素。
⑤独特の味と香りのお茶。
⑥計画に公益性を求める。
⑦委員長は正義感が強い。
⑧圧とう的な力の差がある。
⑨流線型（流線形）に設計する。
⑩地しんによる液状化を防ぐ。
⑪相手の提案に賛成する。
⑫総合的に判断する。

漢字の広場⑥ 送りがなのきまり
四年生で学んだ漢字⑥

84〜86ページ 練習のワーク

❶
①さくら ②ほとけ ③つま ④こうしゃ
⑤こうざん ⑥どう ⑦みゃく
⑧ゆにゅうぎょう ⑨きそく ⑩ひりょう
⑪だいぶつ ⑫ふさい ⑬こ ⑭こえ
⑮こ

❷
①桜 ②仏 ③妻 ④校舎 ⑤鉱山 ⑥銅
⑦脈 ⑧輸入業 ⑨規則 ⑩肥料 ⑪夫妻

❸
①課題 ②求める ③重要 ④例題 ⑤億
⑥兆 ⑦直径 ⑧単位 ⑨未満 ⑩挙手
⑪名案 ⑫欠席 ⑬低学年 ⑭右側通行
⑮給食 ⑯英語 ⑰上達 ⑱合唱 ⑲努力
⑳児童 ㉑試験 ㉒卒業 ㉓目標 ㉔希望
㉕共感 ㉖仲 ㉗約束 ㉘変わる

みすゞさがしの旅 ――みんなちがって、みんないい

90・91ページ 練習のワーク

❶
①しゅっぱんしゃ ②と ③はか
④しんかんせん ⑤だん ⑥じむ ⑦そぼ
⑧ざい ⑨ひよう ⑩あま ⑪よぶん
⑫まね ⑬しょうたい ⑭せいかく
⑮かいが ⑯りゅうがく ⑰ぼち ⑱みき
⑲つと

❷
①出版社 ②留める ③墓 ④新幹線
⑤団 ⑥事務 ⑦祖母 ⑧在 ⑨費用
⑩余り ⑪余分 ⑫招く ⑬招待 ⑭性格
⑮絵画 ⑯留学 ⑰墓地 ⑱幹

❸
①出版社の事務で働く。
②新幹線で墓参りに行く。
③祖母をげき団の公演に招く。

5年 仕上げのテスト①・②

92・93ページ 仕上げのテスト❶

1
①きょう・す ②ぼうえき・ていし
③そうごうてき・へいきんてん
④ほうこく・さんせい ⑤つま・さくら
⑥こうざん・どう

⑦よぶん・ひよう

2 ①潔 ②航海 ③婦人 ④酸素 ⑤講演
⑥再会 ⑦観測 ⑧検査 ⑨公益性
⑩校舎 ⑪輸入業 ⑫肥料 ⑬規則
⑭正義感

3 ①肥える ②暴れる ③破る

4 ①**1**個 **2**固 ②**1**積 **2**績
③**1**製 **2**制

5 ①禁 ②圧 ③液 ④衛

6 ①**ウ** ②**イ** ③**エ**

7 ①2(二)・7(七) ②3(三)・9(九)
③5(五)・9(九)

てびき

5 できた熟語《じゅく》のそれぞれの意味を覚えましょう。①「解禁」とは、してはならなかったことができるようになることです。④「衛生」と「衛星」は同音異義語《い》なので特に気をつけましょう。「衛生」は「清潔にする」という意味、「衛星」は、「大きな天体の周りを回る星」の意味です。「衛」の部首は「彳」(ぎょうにんべん)ではなく、「行」(ぎょうがまえ)であることも覚えておきましょう。

6 ①**ウ**は「い」、そのほかは「キョ」と読みます。
②**イ**は「ほとけ」、そのほかは「ブツ」と読みます。

③**エ**は「ル」、そのほかは「リュウ」と読みます。③の「留」は音読みが二つあるので、特に気をつけて読みましょう。

94～96ページ 仕上げのテスト❷

1 ①てきせつ・の ②どうどう・つく
③き・ことわ ④はか・ちょうさ
⑤じゅぎょう・きゅうゆう
⑥かいが・ようそ
⑦だん・じむ

2 ①故 ②防犯 ③豊富 ④主張 ⑤成績
⑥暴風雨 ⑦週刊 ⑧出版 ⑨留める
⑩新幹線 ⑪在 ⑫余る ⑬招く ⑭性格

3 ①確かめる ②備える ③率いる
④導く ⑤責める

4 ①**1**こん **2**ま **3**こ
②**1**し **2**こころざ **3**こころざし

5 ①**イ** ②**ア** ③**ア** ④**ア**

6 ①**1**容易 **2**用意
②**1**規制 **2**帰省
③**1**敗 **2**破

7 (順序なし)①日照・市営 ②毛布・大仏
③損失・単独 ④絶交・受賞

8 ①**1**複 **2**復 ②**1**義 **2**議
③**1**則 **2**測 **3**側
④**1**険 **2**検 **3**験

9 ①現実 ②減少 ③解散 ④祖先 ⑤賛成

10 ①果物 ②真っ赤

11 ①3(三)・11(十一) ②1(一)・11(十一)

てびき

6 ②「キセイ」と読む言葉には、ほかに「寄生」などもあります。同じ読み方の言葉が多くあるものに気をつけましょう。また、それぞれの熟語《じゅく》の意味もあわせて覚えましょう。

8 ③**1**「則」の部首は「刂」、**2**「測」の部首は「氵」、**3**「側」の部首は「亻」です。「則」が音《おん》を表し、それぞれの部首が意味を表しています。

11 ①「忄」の三画めは一画めとまちがえやすいので、気をつけましょう。

3 2 1 0 9 8 7 6 5 4
＊ ＊ D C B A